中国出版家丛书

ZHONGGUO CHUBANJIA CONGSHU

国家出版基金项目

NATIONAL PUBLICATION FOUNDATION

中国出版家

陈翰伯

Zhongguo Chubanjia

Chen Hanbo

柳斌杰 主编　　孙顺华 著

人民出版社

出版说明

　　出版不仅仅是一个充满竞争的商业领域，同时，它也深深打上了"文化"和"思想"的印记。在这个文化场域中，交织着多种力量的动态关系，通过出版物的呈现和出版活动的开展，描绘了一个时代的文化风貌；而回旋折冲于其间者，则是那些幕后活跃、台前无闻的各类出版人。他们自喻"为他人做嫁衣裳"，事实上，却是国家文化传承和历史记录的主要担当者，有出版发展的参与人和见证者甚至称他们所起的作用为保存民族记忆的千秋大脑。虽然扼据出版要津之地，却少见自家行当的人物传记出版。本丛书是第一次规模化地为这个群体中的杰出者系列立传，从一个人到一群人的出版事功中，折射出近代以降出版业的俯仰变迁，同时也见证着出版参与时代文化思想缔构及其背后深广的社会历史内容。那些曾经彪炳于时的出版人，一方面安身于这个行业，以其敏锐犀利的时代洞察，在市场、经营与创意中躬行实践，标领乃至规划了这个行业的发展，并使之成为国民经济的一个重要门类；另一方面又在"安身"之外，显现出面向社会的公共性关怀与"立命"的超越性关怀，从职业而志业的追求中，服务于民族解放、思想启蒙与文化进步的社会性经营，书写了出版人生的风采、风骨与风流。

本丛书所传写的 50 余位出版人，均为活跃于 20 世纪并已过世的出版前辈。中国古代也曾涌现了陈起、毛晋等出版大家，只是未纳入本书的传主范围。丛书在体例上，有单人独传与多人合传之分，但这并不必然意味着对传主出版贡献及其历史地位的轻重判别，许多情况下的数人合传，乃因于传主史料的阙如而不得已的选择，某些重要出版人如大东书局总经理沈骏声、儿童书局创办人张一渠等，也囿于同样情形而未能列入本丛书的传主名单，殊觉憾事。虽说隐身不等于泯灭，但这个行业固有的幕后特征多少带来了出版人身份上的隐而不显、显而不彰。本丛书的出版，固然是想通过对前辈出版事迹的阐幽发微、立传入史，能让同样为人做嫁衣者的当今出版人不至于觉得气类太孤，内心获得温暖，并昭示后来者在人生目标上，在家国情怀上，在出版境界上，追步于前贤，自觉立起一面促人警醒自鉴的镜子；同时更希望通过一个个传主微历史的场景呈现，让更多的人认识到出版在产业之外，更是一项薪火相传的社会文化事业，它对时代文化的接引与外度，使其成为一种任何人都不可忽视的"势力"，在百余年来的社会发展进程中，发挥了不可替代的作用。

故此，我们推出这套"中国出版家丛书"，以展示中国文化创造者的风采，弘扬他们的优良传统和崇高的职业精神，发掘出版史史料，丰富出版史研究和编辑史研究。

"中国出版家丛书"编辑委员会

人民出版社编辑部

二〇一六年四月

目 录

前　言

20世纪70年代末到80年代初，是一个从无书可读到热衷读书的年代，读书成为一种社会潮流与时尚。当时的大学生几乎没有人不知道商务印书馆的汉译世界学术名著，也没有人不知道《读书》杂志，但未必知道其幕后曲折的出版故事；读书人感觉到想买的书能买到了，想读的书能读到了，却不一定了解和理解出版家在风云变幻中的戏剧人生。提到汉译学术名著、《读书》杂志、80年代图书的逐步繁荣，难以绕过的一个人物是陈翰伯。

陈翰伯（1914—1988），名烈文，字翰伯。民国时期，他是活跃于国统区的著名报人；中华人民共和国成立后，他是共和国的第一代出版家。他用八个字概括自己的一生："青春办报，皓首出书"。他一辈子和文字打交道，在文字中把握历史脉搏的跳动。

陈翰伯的祖籍是江苏苏州木渎镇，他的父亲陈受之年轻时只身一人来到天津，供职于中外合资的自来水公司，成为天津新移民。尽管是平民之家，陈翰伯从小却受到良好的教育，他接受了全程优质教育：从严修创办的严氏蒙养院，到直隶省立第一模范小学，到天津汇文中学，再到燕京大学，都是名副其实的一流学校。中西文化兼容的城市和家庭环境、优质的学校教育，养成了陈翰伯的精神气质。

1932年到1936年，陈翰伯就读于燕京大学新闻学系，受到了系统的与新闻工作相关的通识教育、新闻专业教育和新闻业务训练，这为他的新闻出版职业生涯打下了坚实的基础。他的大学生活丰富多彩，有对知识的追求，有对人类苦难的怜悯，有忧国忧民的情怀，当然也有对爱情的渴望。燕京大学的校训是"因真理，得自由，以服务（Freedom Through Truth for Service）"，它告诉学生要通过追求真理获得自由独立，并以自由的思考和独立的人格服务于社会、服务于人类。无论时代如何变迁，此校训所蕴含的自由独立精神实际已融入了陈翰伯的生命中，在万安公墓陈翰伯夫妇黑色大理石墓碑上，赫然刻有"因真理，得自由，以服务"九个大字。

陈翰伯在燕京大学的四年，介于九一八事变和七七事变之间，外敌入侵，政局动荡，内忧外患牵动着每一个热血青年的心，将他们卷入到政治纷争之中。当时，渐进的科学与实业救国思想、激进的革命思想、风起云涌的学生爱国运动相互碰撞，影响着成千上万青年学生的人生选择。活跃性格和理想主义使青年陈翰伯倾向于激进，他通过竞选加入燕大学生会，是学生中的活跃分子，在1935年著名的一二·九学生运动中，他是燕京大学请愿学生的总领队。次年2月，在结束大学生活的前几个月，他加入了中国共产党，这是他人生的一个重要节点，从此他和那一代加入共产党的知识精英一样，怀着对民主、法治、富强的美好中国的向往开始了新的人生旅程：以信仰为生活意义，以完成组织交给的任务为工作使命。

　　从燕京大学毕业后，陈翰伯开始了职业报人生涯。1936年冬，他到达西安，在张学良东北军的机关报《西京民报》先后任编辑和总编辑。此后的十二年，他辗转西安、成都、重庆、上海等地，在杨虎城西北军机关报《西北文化日报》任副刊编辑、国际新闻编辑等职；在成都的《新民报》负责社论；在中共和民主党派合办的《全民通讯社》成都办事处主持发稿工作；在重庆孔祥熙的《时事新报》任国际新闻编辑、资料室主任、采访部主任等职；在重庆陈铭德的《新民报》任副总编辑；在上海中共办的民间报纸《联合晚报》任总编辑。这期间，他的笔下多次出现过惊人的大标题，如震惊中外的"西安事变"就是通过《西京民报》的号外传遍全国，传向世界的。他在《联合晚报》的社评《我们的信念》里说："我们一心想当民间的喉舌，报道真实的新闻，诉说人民的痛苦。我们要求停止内战，我们要求民主自由。我们认为内战不停止，民主自由不实现，人民的痛苦就永难解除，中国就没有前途。"报道真实的新闻，要求民主自由，是陈翰伯报人生涯中始终不变的新闻理念。

　　1949年到1953年，陈翰伯主持新华总社的新闻训练班、新闻总署的北京新闻学校、中宣部的宣传干部训练班，为共和国培养新闻干部达一千多人，学员被分配到全国各地的新闻机构、出版发行机构及文化教育机关，成为各单位的业务骨干。

　　1953年到1958年，陈翰伯调任中宣部理论宣传处副处长，主管理论刊物《学习》。《学习》编委会由处长、副处长等六人组成，陈翰伯对这份工作并不适应。早在20世纪40年代，他在重庆、上海先后参与过三份刊物的编委会，《学习》是他办过的第四份刊物，此次办刊之复杂是他以前从未遇到的。作为中宣部理论宣传处副处长，他也发表过一些紧跟政治形势的文章。

从 1958 年到 1966 年，陈翰伯掌舵商务印书馆八年，在相对贫乏的物质条件下，他将出版的边界延展到极限，将专业能动性发挥到了极致，很难想象换一个人能够超越他。八年之中，他批准出版了五六百种汉译图书。按照汪家熔先生的统计，属于汉译世界学术名著范围的有 395 种，涉及哲学及哲学史著作、经济学著作、政治学著作、历史著作等。商务印书馆的汉译名著不仅活跃了"文革"前的文化学术活动，更为改革开放后的新一代学人提供了宝贵的思想资源，使其部分佼佼者拓宽了思维的触角，成为了思想的先行者；让无数读书人在经历"文革"禁锢后打开了视野，接受了思想启蒙。毋庸置疑，陈翰伯对公有制的商务印书馆和共和国的翻译出版事业有筚路蓝缕之功。

在商务印书馆，行政事务性工作千头万绪，但陈翰伯仍以旺盛的精力和热情探究理论问题，非常值得一提的是他发表了三篇关于真理问题的文章。其中，在《关于科学史上的错误观点》一文中，陈翰伯以"燃素说"为例，阐发对待科学史上错误观点的应有态度。此文在学术界引起重大反响，引发 1962 年至 1963 年关于真理问题的讨论。虽然这次讨论只限于学术界，影响力远不能与 1978 年的真理标准问题的讨论相比，但从哲学思想的角度看，二者在反对把已有的权威理论凝固化、绝对化方面是一脉相承的；而且前者对后者做了知识、方法和人才方面的准备。

"文革"初期，陈翰伯因《外国历史小丛书》被批判，罪状是"邓拓、吴晗、陈翰伯通过合伙搞《外国历史小丛书》进行反革命活动"，被关进"牛棚"，后来又下放到湖北咸宁"五七干校"。

　　1972 年，陈翰伯重回出版界。1978 年，他出任国家出版事业管理局代局长，主持工作。作为出版管理机构的领导人，改革开放的时代给他提供了表达思想、施展才能的舞台，也赋予他更大的使命。他以数十年摸爬滚打、独立思考历练的卓识，以再次燃起的负重致远的热情，身体力行地推进思想解放，推动破除出版领域的思想禁锢，在较短的时间里扭转了十年浩劫造成的严重书荒局面。

　　在主持国家出版局期间，陈翰伯敏锐地认识到"解放思想"对中国发展的伟大意义，也清醒地看到"解放思想"不可能一蹴而就，而是长期和艰难的。为了突破思想禁锢，活跃学术思想，陈翰伯与陈原、范用、冯亦代、史枚等出版界同人筹划创办了《读书》杂志。1979 年 4 月《读书》创刊号一发行，立即在思想、文化、学术领域引起极大反响，它提供的思想成果和文化视野影响了无数知识分子。陈翰伯亲自给《读书》杂志提出了改进文风的 11 条建议，如废除空话、大话、假话、套话，不要穿靴、戴帽等，不仅针对"文革"中的恶劣文风，对当今也不无警醒价值。针对《读书》创刊号开篇文章《读书无禁区》引起的巨大争议，陈翰伯亲自撰写《两周年告读者》重申"读书无禁区"。他说："本刊提倡读书之风，思考之风，探讨之风，和以平等待人之风，期以蔚为风气。越来越多的人有此四风，对于克服官僚主义、改革领导体制，促进我国'四化'都会发挥无穷无尽的思想力量。"

　　陈翰伯主持国家出版局只有短短的四年时间，但他任职期间锐意改革出版体制，不搞"长官意志"，也决不做"无意志的长官"。其一，用"立足本省（后来改为立足本地）、面向全国"的方针代替地方出版社"地方化、群众化、通俗化"的方针，不仅突破了"文革"设置的禁区，也突破了"文革"前十七年既定的妨碍出版发展的条条框框。事实证明，让地方出版社同京、沪两地的中央出版社和部属出版社展开平等竞争，有利于提高整个出版界的活力，对促进全国出版事业的繁荣和持续发展产生了深远影响。其二，他主持整理、修定了《出版社工作暂行条例》，在出版社原有的政治任务之外，加上了"传播、积累科学文化技术知识和成果"、"丰富人民的精神文化生活"两项任务。其三，他主张制订《出版法》。陈翰伯于 1980 年 10 月 9 日给中共中央书记处提交了一份报告：《如何保障宪法规定的出版自由》。在这份报告中，他直面现实，以文化的繁荣活跃、社会的长治久安为目标，提出了一些落实出版自由的具体办法，并提议："立即着手进行调查研究，制定我国的出版法或新闻出版法，使宪法规定的出版自由得以正确地贯彻执行。"

1982 年，陈翰伯卸任国家出版局行政职务。此后，他以出版工作者协会主席和名誉主席的名义关注出版动态，直到生命的最后一天。

陈翰伯的一生，有近四十年的图书出版经历。20 世纪 40 年代，他在重庆管理过朋友合办的中外出版社；50 年代后期开始掌管公有制的商务印书馆；"文革"时期经历图书大扫荡和人生厄运；70 年代重回出版界，晚年先后任国家出版管理机构领导人和出版工作者协会主席。丰富的出版经历将他磨砺成一名出色的出版家，他的出版理念和思想主要体现在以下几个方面：

一、主张为提高全民族的科学文化水平而出版。出版家陈原在《记陈翰伯》的纪念文章中说："无论是在六十年代还是八十年代的旅行中，翰伯总是用不同的方式启发我思考一个问题：为了提高全民族的科学文化水平,我们该奉献什么,我们能奉献什么。"这样的出版境界与他青年时代开始养成的家国情怀分不开。

二、主张制定出版法或新闻出版法,实行宪法规定的言论自由和出版自由。他认为通过法治解决我国社会内部的政治关系和社会关系问题,有利于从政治上、思想上团结和争取大多数,长久保持安定团结的局面。

三、主张图书出版要兼容并包。他认为"在社会科学领域里,任何一个新观点、新理论的创立,永远和当时历史时代有必然联系。正确的观点固然如此,错误的观点也不例外。正确的观点和错误的观点虽然不能发生同等的作用,但是对于后人,它们都能起思想材料的作用。"这种对图书和学术思想的包容开放态度,使他在汉译学术名著出版和破解"文革"后的"书荒"方面成就卓著。

四、主张出版要尊重书籍特点。他认为图书出版是生产精神产品,书籍的特点之一是系统介绍各种知识,供人们长期使用,从写作到出版时间周期长;书籍还有一个特点是种类众多,"有宣传党的路线、政策、方针的,有提供比较稳定的知识的,有作为文化积累的,有作为工具查阅的,有作为科学研究用的,有为了丰富文化生活的,也有为了提供反面材料的。"他认为不能把所有精神产品的生产和政治捆绑在一起,特别强调学术理论著作要百家争鸣。

这些出版理念和思想是一位老出版家的毕生心得,是留给出版界的宝贵财富。

第一章

平民之家　书香少年

一、身世

1914 年 3 月 14 日，陈翰伯出生于天津。

此时离 1912 年中华民国建立相去两年，
帝制已灭，新局正开。民国初年的天津，早已
是闻名全国的大都会，大街上，人们或西装革
履，或长袍马褂，新的旧的、土的洋的，汇集
在一起，透露出这座城市的中西兼容、古今
并蓄。

在天津，不同于传统的新局面其实从第二
次鸦片战争后即已开启。天津是明代的"天津
卫"、清帝国的畿辅首邑，也是南北交通的重
要枢纽。1860 年以后，天津辟为通商口岸，英、

法、美、德、意、日、俄、比、奥等国相继在天津设立租界，拥有行政自治权和治外法权，海河两岸九国租界并存共生，数十年间，天津发展为仅次于上海的大都市。

开埠后，西方文化迅速进入天津，特别是租界内一派西式风情。1888 年《中国时报》曾这样报道天津："一度遍地皆是深沟、大洞、臭水沟的使人恶心的可恨的道路被铲平、拉直、铺平、加宽，并且装了路灯，使人畜都感到舒服。与此同时，城壕里的好几个世纪以来积聚的垃圾也清除掉了。"①

城市环境的变化只是表面，深入一点，便会发现天津社会生活各领域都发生了深刻变化：机器制造等近代工业，铁路、轮船等快捷的交通方式，电报、电话、电灯、自来水等便利的生活手段，公园、体育馆、图书馆、博物馆等公共设施，报刊、出版、学校等文化教育事业，民主、自由、平等、法治的现代理念及相关制度，等等，这些数千年中国不曾有过或被忽略的东西，都逐渐出现在天津人的生活中。

从西方人踏上天津这片土地起，随着时光的流逝，西方文化从物质到精神，从思想观念到日常起居，逐渐渗透到天津，影响着天津人的社会生活和日常生活，人们直接感知到西方人物质生活的富有、科学技术的先进、教育出版事业的发达、社会管理的文明。尽管质疑声、反对声从未消停，但学习、效仿西方逐渐成了时代潮流。无论官府、民间，也无论社会名流、平民百姓，都或多或少、或主动或被动、或深层或表面地与西方文明扯上了关系。1870 年，李鸿章出任直隶总督、兼任北洋通商事务大臣，主政天津达 25 年，他倡导效仿

---

① 《中国时报》1888 年 11 月 3 日。

西方，大办实业，把天津变成了全国洋务运动的中心。

开埠和洋务运动促使天津城市建设迅速发展，工商贸易、交通、通讯、教育、报刊等都日渐兴盛，吸引着全国各地人口流入，富商巨贾、官绅士人、平民百姓纷纷来此地谋求生存和发展，这其中就包括陈翰伯的父亲陈受之。

陈翰伯祖籍是今江苏苏州木渎镇①。木渎在苏州城西南约 5 公里处，是沪、苏、浙交界之地。这里有深厚的历史文化积淀，相传春秋末年吴、越相争之时，越王勾践巧施"美人计"，将美女西施献给吴王夫差，吴王专宠西施，特为她在秀逸的灵岩山顶建造"馆娃宫"，又在紫石山筑"姑苏台"，"三年聚材，五年乃成"，连年大兴土木，致使木材堵塞山下的河流，"木渎"之名由此产生。传说往往虚虚实实，真假难辨。而真实的木渎镇在清末已是著名的江南水乡，一条河流自西而东穿过古镇，涓涓河水流淌不息，流向了京杭大运河，也连通了木渎人和外部世界。优越的地理条件，使苏州包括木渎在内成为经济富庶、教育昌盛之地。

陈翰伯的祖父在镇上开着一家小商铺，准确点说，是间杂货铺。陈延琳 2016 年 5 月 12 日的信中说：

> 祖父原籍苏州木渎镇，祖父的父亲好像是开小铺的一般商人。

2016 年 6 月 15 日的信中补充道：

---

① 原属江苏吴县，陈翰伯在燕京大学履历表中填写的籍贯是江苏吴县。

我祖父的父亲可能是开杂货铺，印象中我父亲曾笑说他的祖父卖过祭祀用的纸钱纸马。

直到 1980 年代初，木渎镇还有陈翰伯祖父留下的几间房子，陈延琳在 2016 年 5 月 13 日的信中说：

> 木渎镇祖父的父亲有几间房子，因为镇上把我父亲看作一位名人，所以 80 年代初专门派人到北京问我父母这房子怎样处理？我父母就说交公吧。

"交公吧"，说得如此自然、淡然。

陈翰伯的祖父精心经营店铺，供陈受之读书，并供他接受职业技术教育。陈翰伯长子陈亮在小学到初中时，每到暑假，常到天津陪爷爷住，他说爷爷读过专科学校：

> 祖父在苏州读了专科学校，学城市供水，当时国内没有人会讲这个课，是外国老师讲的。毕业后自谋职业。那时城市供水系统极少，连北平都没有，但天津有，他就在天津自来水公司找到工作了。

城市供水在今天算不得什么，可在当时，平民子弟学习城市供水不能不说超前。中国人祖祖辈辈喝的都是河水、井水，何曾见过机器供水。中国最早有城市供水系统的都是洋人居住的口岸城市，最早喝自来水的都是口岸城市住在租界里的洋人和少数华人。1883 年，英国商人在上海租界建起了第一家真正意义上的自来水厂。十几年后的1897 年，英商仁记洋行在天津英租界内创办了"天津自来水厂"。在多数中国人还不知道自来水为何物的时候，陈受之已经跟着外国老师学起了城市供水，显然，"西风"已经通过周边的口岸城市吹进了苏州木渎镇小商人陈氏家里，陈家欣然接受。如果没有对外部世界的见识，没有对新事物的敏感和远见，没有对口岸城市文明生活的向往，这样的选择似乎不可思议。平民子弟读书学习主要是为生计前程着想，想学有所用，有个饭碗，就要到口岸城市去找工作，这意味着必须远离家乡和父母。

1912 年前后，23 岁的陈受之从苏州来到天津，成了天津新市民。他就职于"天津济安自来水股份有限公司"①，这是一家中外合资的公司，陈受之在这家公司找到了"铁饭碗"，一干就是一辈子，直到 60 岁退休。

陈延琳 2016 年 5 月 16 日的信中说：

> 祖父一生只有一个职业，看来是专业人员。祖父名陈受之，生于 1889 年，1963 年 75 虚岁因肺炎去世。我父亲 1914 年生于

---

① 口岸城市供水从租界洋人开始，逐渐扩大到中国市民，天津在全国处于领先地位。1901 年，原美国驻华参赞、八国联军临时政权机构"都统衙门"的总文案田夏礼，联络中国商人芮玉坤、马玉清等人，创办了中外合资的"天津济安自来水股份有限公司"，再由瑞记洋行出面，以英商名义向香港英国政府注册。1903 年 3 月，济安自来水公司在天津老城里西北角建成 20 米高的水塔，开始供水。公司将供水重点放在租界外华人居住区域。公司前期由洋董控股，华董居于附属地位。1936 年，南京国民政府要求济安重新登记，规定公司定名为"中国天津济安自来水股份有限公司"，华股须占 51%，华董应占多数，董事长及经理等应由华人充任，应受中国公司法及其他法律之限制。1949 年后，济安与国营天津自来水厂合并，天津市政府统一全市自来水体制。

天津，所以估计祖父就业是在结婚前，可能是 1912 年他 23 岁时。解放时祖父 60 岁，不久退休，有退休金，父母每月寄钱补贴。

工作安顿下来后，陈受之在天津成家生子，他的妻子是旧式小脚女人，也是苏州人，没念过书。① 他们沿袭着"男主外、女主内"的传统生活方式，丈夫在自来水公司上班，挣薪水养家；妻子在家照顾孩子、料理家务。夫妇共养育了 4 个子女，分别取名文、敏、恭、敬，陈翰伯是家中长子，名烈文，字翰伯。② "文、敏、恭、敬" 4 个字都有关于中国传统的道德修养、为人处世，体现了儒家修身思想的精髓。"文"字在《论语》中指人的行为举止要符合"礼"的规定，孔子讲"文质彬彬"，主张文质并重，内外兼修，这既是君子人格的内涵，也是君子人格的修炼之道；③ "敏"字在《论语》中主要指做事用心，行为审慎的品德；④ "恭"字与"礼"相关联，属于礼貌中的外貌和仪态，是自身的内在修为在待人接物中的外在显现；⑤ "敬"字是做人的态度，指敬重天地、鬼神，敬重父母长辈，也指尊重一般人。⑥ 显然，陈家在给孩子起名时寻经据典，显示了对传统经典的

---

① 陈延琳 2016 年 5 月 12 日的信中说："我祖母也是苏州人，小脚，文盲。到天津跟我祖父结婚，以后一直在天津。"陈翰伯写于 1968 年 6 月 17 日的交代材料说："我母亲不识字，是家庭妇女，于 1953 年 1 月死去。"

② 陈延琳 2016 年 5 月 16 日的信中说："翰伯是我父亲的字，他名为烈文。祖父母四个子女，取名文、敏、恭、敬（第二、第四为女儿）。"

③ 《论语·雍也》云："子曰：质胜文则野，文胜质则史。文质彬彬，然后君子。"

④ 《论语》中有"敏于行"、"敏于事"、"敏以求之"、"敏而好学"等说法，指勇于实践，做事用心，行为审慎。

⑤ 《论语·颜渊》载，孔子的学生子夏说："君子敬而无失，与人恭而有礼；四海之内，皆兄弟也。"

⑥ 《论语·宪问》：子路问如何做"君子"，孔子强调"修己以敬"。

尊崇、对传统修身之道和基本价值观的遵循。平民百姓关心的是柴米油盐，考虑的是生计和安居，西人东来与西学东渐，不影响守规矩的平民百姓以自然质朴的方式，在平凡生活中传承祖祖辈辈遗传下来的文化基因和道德传统，这是他们信奉的安身立命之道，是正常社会秩序下正派人的正常行为方式。

孩子名字寄托着家庭的期待与希冀，陈翰伯就是在这样的期待与希冀、家教与家风中慢慢长大，父母给了他生命，也以言传身教成为他做人的第一任老师。文质彬彬、恭敬有礼成了他一辈子待人接物的风格，陈延琳说：

> 客人来了，我父亲一定送到门口，握手，欠身，对任何人都是这样，几十年一贯如此。他们这一代人那种特殊的儒雅风度，那种在语言学上被称为"肢体语言"的做派，很难形容，也很难模仿。有部电影讲西安事变，里面有个人物字幕上说是我父亲，我们家的人一看都笑倒了，不是外貌的问题，而是全然没有他们那一代人的气质。①

二、书香少年

小时候的陈翰伯，最熟悉的地方当属老天津西北角。西北角最醒目的建筑之一是水塔，可谓老天津的地标。对于陈翰伯家来说，它不

---

① 笔者和陈延琳通过电子邮件交流一段时间后，开始加入微信随时交流，故以下有关陈翰伯家人的引文不再注明时间。

是普通的地标，更是一家的生计所系——父亲在自来水公司领的薪水是一家人的主要生活来源。更重要的是，陈翰伯接受学前教育的"严氏蒙养院"也在西北角。

1. 在"严氏蒙养院"接受学前教育

老天津西北角曾是明、清官衙所在，这里流淌着浓厚的传统文化。第二次鸦片战争后，李鸿章在天津的洋务事业，聚集起一批观念开放、具有西学素养的官员与幕僚，使天津成为洋务派主要活动区域之一。几十年西学之风的浸染，造就了天津古今相接、中西交汇的民国氛围。当时的广智馆算得上是天津西北角民国文化的浓缩，它仿照济南广智院①的模式而创建，从1921年开始筹备，到1925年建成开馆，集文化、科普、博物馆功能于一体。广智馆里重点展览的是现代工业技术，展品主要有当时新兴的电报通讯、纺织作业的生产流程等，其中电报从拟稿、译码、拍发、电波震荡，到收报接码、翻译的全过程，都有文字详为介绍。从建筑外观看，广智馆引人注目的是大门左右高大的青砖外墙上，有一米见方的四个大字："礼、义、廉、耻"。在中国传统文化中，"礼、义、廉、耻"被作为"国之四维"，是支撑国家大厦的最基本的道德基座，是先贤种在后人心中的道德法

---

① 广智院是由英国传教士怀恩光创办的，他在青州传教时，建了一座展览馆，称"博古堂"。1904年，胶济铁路通车后，怀恩光便将"博古堂"扩大并迁到济南，1910年建成了既有中国传统庙宇特色又有西方建筑特色的大型博物馆。在当时，广智院是一所综合性博物馆，陈列品包括动物、植物、矿物、天文、地理、机工、卫生、生理、农产、文教、艺术、历史、古物等13个门类，采用展橱、镜框、挂图等方式，常年开放，吸引众多名人官宦和普通人参观。

则。广智馆的展览内容与建筑外观理所当然地传达着创办者的理念。在创办者看来，中国人在向西方学习、建设现代化国家的过程中，祖祖辈辈信仰的基本道德支柱不能倒，为人做事要有规规矩矩的态度，正正当当的行为，要廉洁纯正，有羞耻之心。广智馆蕴含着民国文化中最可贵的人文精神和务实精神，二者并重，相辅相成，滋养着这方土地和这里的人们，尤其是正在成长的一代新人。

广智馆是在近代著名教育家严修倡导和资助下创办的。严修出身于盐商世家，从教育背景看，他从小饱读圣贤经典，热衷科考，与传统士大夫并无二致。只是他比一般传统士大夫更幸运，年仅24岁即考中进士，登上了科举考试之巅，打开了仕途上升通道。他先后任清朝翰林编修（1886年）、贵州学正（1894年）、学部侍郎（1905年）等职。风雨如磐、内忧外患的国家使他无法安安稳稳地做官，在晚清改（废）科举、兴学堂的革新大潮中，他积极参与。他坚持教育救国思想，认同晚清维新派倡导的"三育"：民德、民力、民智，希望通过革新教育提高国民素质，实现民富国强。他先后自费去日本、美国和欧洲进行教育考察，探求建立新式学校的模式与途径。他把自己的严氏家馆作为实验基地，聘请热衷西学的张伯苓教授英文、数理化等新知识，变革旧私塾死记硬背的教育模式，示范和带动了整个天津地区的新式教育。他不留恋官场，曾两次辞官回天津尝试办新式学校，尤其是1910年后，他谢绝一切官职专心办教育。从1902年尝试创办新式学校开始，到1919年南开大学建立，他苦心擘划，奔走筹措，用将近二十年的时间，完成了私立的严氏幼儿教育、初等教育、中等教育和高等教育的完整教育体系。严修有生之年，教育救国之梦远未实现，国家仍多有不堪闻问之处，但受益于严氏教育体系和社会教育事业的远不止一代人。

由于天津西北角的地缘关系，陈翰伯的幼儿教育直接受益于严修，他在严氏蒙养院接受了学前教育。严氏蒙养院建于1905年，是严修在第二次赴日考察了日本幼儿教育后设立的，地点就在严宅内，这是我国最早由私人开办的幼儿园之一，生源是严氏亲友及邻居家学龄前儿童，一般4岁到6岁，活动时间为上午9点到11点。陈翰伯的父亲仰慕严修的名望并认同其教育理念，借地缘优势，将陈翰伯送进严氏蒙养院。严氏蒙养院硬件、软件俱佳，有从日本购来的钢琴、风琴、儿童桌椅、教具等，刚开办时还聘请了有经验的日本老师，后来培养了中国幼教老师。孩子们在这里学习编织、折纸、剪纸、泥工、穿麦秆、图画等手工，学习有关动植物、自然现象、讲礼貌等内容的儿歌，做表演、竞赛等游戏，听老师讲寓言故事、神话故事。这些内容多顺应孩子天真、好奇、好玩的天性。严氏蒙养院给了陈翰伯一段快乐的童年时光，他的阳光、开朗、活跃的性格与此不无关系。直到晚年他对严氏蒙养院还有印象，他记得在离开幼儿园时得到了奖品，他在《从小读者到老编辑》[①]一文中说：

1921年，我7岁，从天津私立严氏蒙养院（今统称幼儿园）结业，老师给我发了奖：一盒彩色积木，十本商务印书馆出版的《儿童世界》。这十本画报我当时还不会看，以后三年内，我慢慢地看，把书都翻烂了。其中有长篇漫画故事叫《熊夫人的幼儿园》，到现在我还记得它的内容。从此我就开始接触了商务印书

---

① 《陈翰伯文集》编辑组：《陈翰伯文集》，商务印书馆2000年版，第424页。

馆的出版物。

2.《儿童世界》带来的快乐

也许严氏蒙养院和《儿童世界》都带给儿时的陈翰伯太多的快乐，也许熊夫人开的"幼儿园"给他留下的印象太深刻，所以记忆便阴差阳错地把严氏蒙养院和《儿童世界》串联在一起。笔者查阅国家数字图书馆的民国期刊，《儿童世界》创刊于 1922 年 1 月 7 日，每周一期，定价六分。也就是说，陈翰伯接触到《儿童世界》是小学二年级以后的事情了，这也与《儿童世界》的读者对象相符合，《儿童世界》声称本刊物的程度与初小二、三年级及高小一、二年级的程度相当，由此推算，其主要阅读人群是八九岁到十二三岁的小学生。

《儿童世界》的创刊和宗旨反映了当时"儿童中心"、"儿童本位"思想的盛行。1919 年五四运动爆发前夕，美国教育家杜威博士来到中国讲学，大讲"儿童中心论"，主张把儿童当作真正的人，确立儿童本位，承认他们具有人格。"儿童中心论"在几年内广为传播，得到学界、文化界人士的广泛认同。创刊人郑振铎在《儿童世界》创刊前发表的宣言中，明确表示要给小学生提供一份有吸引力的有趣的课外读物：

> 小学校里的教育，仍旧不能十分吸引儿童的兴趣，而这种教育，仍旧是被动的，不是自动的，刻板庄严的教科书，就是儿童的唯一读物。教师教一课，他们就读一读。儿童自动的读物，实在极少。我们出版这个《儿童世界》，宗旨就在于弥补这

个缺憾。①

《儿童世界》的主要内容有插图、诗歌、童谣、童话、戏剧、寓言、小说、格言、滑稽画等。每期目录后都有一首歌曲。1922 年第 4 卷第 8 期有一首署名索菲作词谱曲的《读书好》，歌词是：

> 读书好！读书好！
> 劝君读书须及早；
> 光阴一去不再来，
> 转瞬童颜成苍老！

为了吸引小读者，《儿童世界》还多次举办小作者有奖征文，其中 1923 年第 3 卷第 7 期刊登了一个叫齐乐山的小作者创作的诗歌，题目是《不倒翁》：

> 不倒翁，不倒翁，
> 将你放在桌当中，
> 你真能忍耐，不以为怒，
> 反而连连对我鞠躬。

在儿童纯真的眼睛里，"不倒翁"憨态可掬，具有人所拥有的"忍

---

① 郑振铎：《郑振铎全集》，花山文艺出版社 1998 年版，第 13 页。发刊词《〈儿童世界〉宣言》，相继刊登在上海《时事新报》（1921 年 12 月 28 日）、北京《晨报》（1921 年 12 月 30 日）和上海《妇女杂志》（1922 年 1 月 1 日）上，希望获得当时知识分子与妇女界的关注。

耐"和"谦虚"的性格。"不倒翁"是当时很大众化的"玩具",陈延琳在向笔者介绍陈翰伯家世的时候说:

> 我父亲说他很小的时候,他父亲每到年关都给他买一个玩具,年年都是不倒翁!我想这可以看到家庭不富裕,也可看到我祖父是个认真但没什么风趣的人。

让陈翰伯晚年还记得故事情节的童话《熊夫人的幼儿园》,原名是《熊夫人的幼稚园》,只一字之别。该故事从 1923 年第 7 卷第 10 期开始连载很多期,作者署名守一。故事讲述熊夫人开了一家幼稚园,幼稚园里有虎儿、鸡儿、猴儿、猪儿、象儿、麒麟等孩子,他们很天真,很顽皮,也很可爱。有一天熊夫人问大家想学什么,虎儿表示要像祖先一样勇猛,能够茹毛饮血;鸡儿希望谁都不要太残酷,谁也不要吃谁;猪儿立志要变得强大;猴儿要熊夫人教它偷蟠桃,这让熊夫人很生气。熊夫人思考良久,认为虎儿、鸡儿、猴儿、猪儿、象儿等天性各异,不能统一施教,决定不教它们了,于是摘下了"熊夫人的幼稚园"的牌子,将它们都送回了家。故事仿佛把小读者带到了动物园,让他们自己去认知各种动物的不同天性。这个故事生动有趣,难怪陈翰伯到老还记得故事情节。

《儿童世界》给了陈翰伯课外阅读的快乐,也许正是这种快乐有趣的儿童读物和小孩子自由自在的阅读,让他爱上了书籍,爱上了阅读。除了关"牛棚"写交代材料的日子,陈翰伯一生几乎没离开书:读书、写书、聊书、出书、规划出书。读书也给他的家庭生活平添许多乐趣,他外孙陈冲说:

我小时候最喜欢姥姥家晚餐的时候，那像一个自由发言的平台，外公最喜欢在那时边吃饭，边谈天说地，聊古今中外的趣事，神情和蔼放松。当然，如果不读书，在家庭聚会中就会搭不上话了。我因为爱看文字，经常插话，还经常得到外公的表扬，颇为自得。在那时，感不到任何家长的威严，而是体会到了平等的快乐，知识的乐趣。

3. 订阅《少年》杂志、逛书店

稍大一些，陈翰伯开始订阅《少年》杂志，这也是商务印书馆出版的名牌刊物，创刊于 1911 年 2 月，早期由孙毓修主编，后期由杨润田、段佩斯、朱天民等参与主编，刊物面对的读者群是 12 至 15 岁的少年儿童，内容贴近于这个年龄段少年的阅读趣味。《少年》杂志出版后一时大受欢迎，一再重印，还出过合订本。到 1931 年 12 月停刊，共出版了三十一卷。

在回忆少年时代的时候，陈翰伯说：

> 10 岁我就订报订杂志了。我订了商务印书馆出版的《少年》杂志。这时候也懂得看课外书了，把当时能找到的儿童读物差不多都看了。我养成了阅读书报的习惯，几十年都是这样子。[①]

在学校，陈翰伯是一个认真学习的好学生，他上课很用心，为

---

① 陈翰伯：《从小读者到老编辑》，载《陈翰伯文集》编辑组：《陈翰伯文集》，商务印书馆 2000 年版，第 425 页。

了买国文老师的上课参考书，他开始逛书店，与商务印书馆结下不解之缘：

> 在听国文老师讲课的时候，我总看见他手里拿着一本书，后来我发现这本书叫《国文第一册教授法》，我就跑到天津大胡同商务印书馆分馆去买这本书。售货员不卖给我，说是给老师看的，学生不能买。但是我在商务印书馆参观了半天，从此我懂得逛书店了。以后，我每星期都要到那儿去逛一逛，看一看儿童读物和各种文具，铅笔呀，米达尺呀之类。
>
> 逛书店和订阅书报这两件小事对我一生影响很大。当然我没有料到以后我会进入商务印书馆，接受进步思想以后，我还是读商务印书馆的书，买商务印书馆的书。①

4. 就读于"汇文中学"

中学时代，陈翰伯就读于汇文中学。汇文中学的前身是1890年美国"美以美会"创办的"成美学堂"，是天津最早的教会小学之一，1923年改称"天津汇文中学校"，后定名为"天津市汇文中学"。学校尊师重教，不染浮华，在当时享有良好的声誉。作为有美国教会背景的学校，汇文中学非常重视英文，这给陈翰伯打下了良好的英语基础，也使他获得了到燕京大学深造的能力和资格。

在汇文中学读过三年初中后，父亲让他转学到天津工商大学预

---

① 陈翰伯：《从小读者到老编辑》，载《陈翰伯文集》编辑组：《陈翰伯文集》，商务印书馆2000年版，第424页。

科，希望他将来学工程专业，可陈翰伯对理工科缺少兴趣，成绩不佳，所以一年后又回到汇文中学接着读高中。

高中时代的陈翰伯勤奋读书，学习成绩优良，但他并不是只关注课堂、关心考试的学生。随着年龄的增长，课外报刊书籍已将他从纯净的童话世界带到了复杂的现实世界，视野开阔了，世界变大了，他有了与父辈不同的志趣。他的父亲作为天津新市民，目光主要聚焦于家庭，几乎全部精力都投入到经营家庭、养家糊口、培养孩子中。直到解放后陈受之都对政治不感兴趣，陈翰伯写于 1968 年 6 月 17 日的交代材料说："解放以后，他知道儿子和儿媳是共产党员，所以一般他也拥护人民政府。他上过天津市委办的政治学校，学的非常吃力，而且毫无兴趣。以后组织上通知他退休，他是不满意的，经我劝说后，他才勉强接受。他是在 1961 年 1 月死去的。"

陈翰伯的祖父、父亲在生活中都表现出务实、进取、精明的特点，正是这种务实、进取、精明让陈家从木渎小镇走进了大城市，在大城市立住脚，并让陈翰伯接受了全程优质教育：从严氏蒙养院，到汇文中学，再到学费昂贵的燕京大学，都是第一流的。燕京大学多数学生是有钱人家的孩子，陈翰伯家是平民之家，兄弟姐妹四人只有他一人上了大学。陈翰伯一生遗传了长辈务实、进取的基因，但精明方面常被精英教育熏染成的理想主义色彩掩盖。陈翰伯的女儿陈延琳回忆说：

> 我 1948 年到天津，祖父有一辆三轮车，有个五十岁左右的车夫，蹬三轮送他上下班，我会骑车，也蹬着玩过，所以记得清。祖父的薪水可能比较高吧！但他为多挣点钱，也跟熟人进过

些毛线，然后卖给小店，我妈妈私下对我笑说，爷爷倒腾毛线还是亏了。

我到祖父母家，突出的印象是没有书架（因为我家在上海有两个高书架），只有一套泛黄的老版本《福尔摩斯探案全集》，我就把这套书全看了。祖父不懂政治，解放军围城打炮时，我祖父和姑婆还在议论："八路来了不让坐三轮？不让戴眼镜？"解放后祖父知道了我父母都是共产党员，也挺高兴。祖父说要去劝业场玩，听相声，我父亲摇头说最受不了耍贫嘴，祖父就带我去了——回想这事，感觉祖父跟父亲兴趣区别很大，祖父就是普通市民，没有书卷气。

与父亲不同，高中时代的陈翰伯已开始将目光投向风云变幻的社会。1931年秋，陈翰伯进入高中三年级的时候，发生了中国人永远都不会忘记的九一八事变，日军侵占了东三省，民族危机降临到中国，"勿忘国耻"、"勿忘东北"、"立志必复失土"等抗日救亡言论遍布报刊。强大的社会舆论和各种形式的抗日活动，对性格活跃、善于交友的陈翰伯产生了重要影响，正所谓人的精神生命发育于师友，他在《自拟小传》[①] 中说：

> 在高中三年级九一八事变以后，开始接受进步思想，并参加了一些天津党的外围工作。

---

① 写于1985年6月5日。载《陈翰伯文集》编辑组：《陈翰伯文集》，商务印书馆2000年版，第351页。

　　在一个同班同学的介绍下，陈翰伯开始接触进步书刊，还参加了一个读书会，他记得读书会有十来个人，其中有三八女子中学的校长，每次开会都要讨论一下时事，然后就讨论选读的书。时事新闻和中国现状已开始吸引陈翰伯的目光，高中毕业后他考入燕京大学新闻学专业，应与他的兴趣与性格相符合。燕京大学和新闻专业决定他要见证和记录那个风云诡谲的时代，也决定他要随时代走向波澜壮阔的人生旅程。

第二章

燕京大学　新闻学子

一、就读燕京大学新闻学系

1932 年秋季，18 岁的陈翰伯进入燕京大学新闻学系。

20 世纪 30 年代的燕京大学，有美丽的校园、一流的设施，有人格独立、个性纷呈的教授，有怀抱理想、天资聪颖的学生，有对真理、学问的探索和追求，有"教授治校"的管理规则，还有对官场化、行政化的疏离……让莘莘学子无比神往。

燕京大学的前身是 1904 年美国基督教会创办的汇文大学。1918 年，汇文大学和协和大学两所教会大学经长时间协商最终合并。次

年初，司徒雷登出任校长，定校名为燕京大学。初创时的燕京大学校
址是盔甲厂胡同（今北京站与崇文门之间）一座破败的院落，学生很
少。司徒雷登担任校长后，一边多次往返中美募集发展燕大的款项，
一边寻找新校址，最后从陕西督军陈树藩手中买下一座前清亲王废弃
的园子。几年后，一座融合中西建筑文化的美丽校园出现在北京西郊
海淀。到 20 世纪 30 年代，燕京大学已是闻名国内外的"中国最著名
的教会大学"了。①

燕京大学号称贵族大学，其学费远高于国立北京大学、清华
大学，②学生当然多是有钱人家的孩子。对此，出身平民家庭的
陈翰伯印象深刻，他在《巨浪，巨浪，不断地增长——燕京大学
"一二·九"运动回忆片段》中说：

> 这是一所有名的贵族大学，同学们多数出身于富裕家庭。还
> 有少许华侨，一部分来自夏威夷，一部分来自巴达维亚（今印尼
> 首都雅加达）。③

燕大不仅校园美丽，学生居住条件也很优越。当时的学生宿舍以
未名湖为界，北部为男院，南部为女院。如今的北京大学静园六院，
就是当时的女生宿舍，坐落在未名湖南面，初建时只有四座院子，名
为"敬斋"、"业斋"、"乐斋"和"群斋"，取"敬业乐群"之意。与

---

① 参见刘仲华：《北京教育史》，人民出版社 2008 年版，第 292 页。
② 20 世纪 30 年代，国立大学学费每年大约 22—40 元，师范类甚至不收学费；私立
大学每年学费大约 45—120 元不等；教会大学每年学费约 160 元。
③ 《陈翰伯文集》编辑组：《陈翰伯文集》，商务印书馆 2000 年版，第 371 页。

之相对应的则是未名湖北岸作为男生宿舍的德、才、均、备四斋。当时的女生宿舍，外部是中国古典建筑特色，而内部使用功能方面则尽量采用西式的先进设备。

令人赞叹的不仅有美丽的校园环境、舒适的居住条件，还有优越的教学条件、自由民主的学术氛围。在司徒雷登的主持下，燕京大学推行"教授治校"的管理规则。有教授职称的外籍教师居多，从文献档案中可以了解到，燕京大学董事、各院系主任多由外籍教师担任，后来也有一些留学归来的学者担任系主任。关于"教授治校"及学术自由，从陈翰伯进入燕大学生会后经历的一件小事可略见一斑：

> 暑假后开学，学生会出版了一本《迎新特刊》，上面刊登一些学生须知、注册手续、校园指南之类的东西。我在《迎新特刊》上写了一篇《文法学院课程介绍》。当时，我以那点浅薄的马克思主义知识，居然大胆批评了某些课程，指出这些都是资产阶级的社会科学，不值得认真学习，但是教授所掌握的广博的资料却是应该学会使用的。这下子触怒学校当局，教务处出了布告，说是"学生有择校之自由"，你对这里不满意，尽可随意转学，绝不阻拦。教授们也议论纷纷，颇有人主张把学生会主席（张兆麐）和文章作者（我）开除学籍。心理学教授美国人夏仁德（Randolph C.Sailer）主张学术自由（academic freedom），认为不必开除。司徒雷登采纳了他的意见，把张兆麐和我找去，很客气地"训斥"了一顿，就此了事。[1]

---

[1] 《巨浪，巨浪，不断地增长——燕京大学"一二·九"运动回忆片段》，写于1980年7月，原载《一二·九回忆录》，人民出版社1982年版。

燕大的新闻学系成立于 1924 年（当时称报学系），1927 年因经济拮据而暂时停办。1929 年，燕大得到著名的美国密苏里新闻学院 5 万美金的资助，双方达成协议，成立密苏里—燕京新闻学院，互相承认学历，互派教授，互相交换研究生，新闻学系重新焕发生机，师资队伍、教学设施、学生实习等方面得以迅速发展。因体制完备，设施齐全，燕大新闻学系被认为是当时"远东方面最新式而设备最完全的新闻学校"①。

燕京大学新闻学系部分校友回忆：

> 燕大新闻系建立之初，学生寥寥无几，首届毕业生仅赵恩源一人。由于毕业生离校后的出色表现，新闻系的盛誉日隆，逐渐发展成为全校学生最多的学系之一。②

1937 年的《燕京大学新闻学会年册》记载：

> 本系自民十八（1929）得美国密苏里大学新闻学院之助，由聂士芬先生重办，十九年（1930）有正式毕业生一人，至今八载，共毕业四十余人。

陈翰伯毕业于 1936 年，是八年中四十多名燕大新闻学系毕业生

---

① 赵敏恒：《外人在华的新闻事业》，中国太平洋国际学会 1932 年版，第 418 页。

② 1992 年 8 月，《燕大文史资料》编辑部特邀部分新闻学系校友进行座谈，共忆新闻学系的办学方针、教学方法等问题，整理出《部分校友座谈会谈燕大新闻学系》，载于《燕大文史资料》第七辑，北京大学出版社 1993 年版，第 129 页。

中的一员。

校长司徒雷登亲拟的校训是"因真理，得自由，以服务（Freedom Through Truth for Service）"，它告诉学生要追求自由必须追求真理，要通过追求真理获得自由独立，并以自由的思考和独立的人格服务于人类、服务于社会。虽经时代变迁，此校训所蕴含的精神融入了燕大学生的生命中，陈延琳说：

> 20世纪80年代我父母曾参加老同学聚会，带回家印刷简陋的校友资讯，上面印有燕京大学校训。1996年春，我们在万安公墓为父母建墓，黑色大理石上只刻有燕大的校训和父母亲名字、生卒年月。

司徒雷登提出的教育宗旨是：让学生"养成一种合作、建设、服务人群的精神以服务社会国家。"[①] 表面上看，这一宗旨强调的是集体主义，与中国文化中强调群体、淡化个体并无二致。其实不然！当年的燕京大学民主主义、自由主义并不稀缺，青年学生的独立人格、自由精神不言自明，不必特别强调。从司徒雷登的传教士经历和对中国混乱现状的了解来看，其教育宗旨含有深沉的宗教情怀和理性精神。在司徒雷登心目中，燕京大学无疑是精英教育，具有独立人格、自由精神的未来国家精英，当以合作、建设精神服务社会国家。自私自利的利己主义无疑与司徒雷登的理念相悖。这一宗旨与燕大进步学生忧国忧民的情怀、建设美好中国的理想恰恰相合。

① 《燕京新闻》1934年12月18日。

针对燕大的新闻学专业教育，司徒雷登认为在中国新闻教育事业刚起步的时候，"反复强调编辑水平和新闻道德的问题似乎尤其必要"。[①] 据此，燕大新闻学系确立的培养目标是，把学生培养成编辑水平和新闻道德兼具的新闻人才：

> 燕大新闻学系之目的，是借着鼓励许多受过良好教育，有理想的人从事新闻工作，以协助中国发展出高尚、富有服务精神及负责任的新闻事业。课程主要是让学生得到初步的新闻训练，以期他们能把新闻事业建设成为最具潜力的事业，成为促进公益及国际友好关系的砥柱。[②]

在燕大新闻系，陈翰伯接受了中国当时最好的教育，得到系统的与新闻工作相关的通识教育、新闻专业教育和新闻业务训练。

通识教育方面，燕京大学新闻学系强调综合学科背景对于新闻工作的重要性，确立了"重视与报学有关系之学科"的人才培养方针。规定"主修新闻的学生，不仅专习新闻学科，文学研究、历史沿革及其他一切普通科学学识，均需同时培养矣。新闻学科之主修时间，仅占全大学课程四分之一或五分之一，其余大部分时间则任由学生选修其他与新闻有关学问，务使学生预期毕业后和社会环境相适应。"[③] 新

① 司徒雷登：《在华五十年——司徒雷登回忆录》，北京出版社 1982 年版，第 65 页。

② 卢祺新：《燕京新闻系》，《燕大文史资料》第三辑，北京大学出版社 1990 年版，第 29 页。

③ 黄宪昭：《燕京大学新闻学系概况》，载于燕大新闻学系《新闻学研究》，1932 年，第 330 页。黄宪又名黄新，从小在夏威夷长大。1912 年，成为第一位在密苏里新闻学院获得新闻学位的中国人。1929 年，受聘为燕大新闻学系副教授。1931—1933 年，任燕大新闻学系主任。

闻学系对毕业生选课统计资料显示：政治学、社会学、历史学、文学等都是燕大新闻学子热衷学习的课程。对综合学科的重视，打开了学生的视野和胸襟，对陈翰伯来讲，在燕京大学的学习一直影响着他的阅读倾向，也多少影响着他主持商务印书馆及主政国家图书出版时的思路。他喜欢阅读知识性、思辨性、批判性、启蒙性等综合人文社会科学类书籍。专业是哲学而从小喜欢看小说的陈延琳记得小时候父母的择书倾向：

> 据我所知，父母对"鸳鸯蝴蝶派"张恨水，对张爱玲这些作家，是不喜欢的，看不上眼的，家里没有一本这种书。他们书架上，中国作家只有鲁迅、茅盾、郑振铎、老舍几位的书，还有《马氏文通》之类工具书。书架上有很多英文书。苏联的文学书有：《铁流》、《静静的顿河》等。

燕京大学新闻学系把外语教学与中文教学放在同等重要的位置，规定英语为学生的必修课程，强化培养外语能力。曾任新闻学系主任的刘豁轩[①]对 1939 年以前 67 名新闻学系毕业生的选课统计显示，他们全都选修过英文课程，人均修习学分为 18.03，超过中文课程 0.18 学分。

关于陈翰伯的英语能力，他儿子陈亮回忆：

> "文革"期间，我从农场回家，家里只剩下靠着厨房的一间

---

① 刘豁轩是民国时期著名的报人和新闻教育家。1936 年 2 月，他辞去《益世报》社长兼总编辑职务，进入燕京大学新闻系任教。1937 年七七事变后，他被聘为新闻学系主任。

半房子了，我就只能和父亲同住一间房同睡一张床。当时我还年轻，上床就睡着，夜里常常听到说话声，可迷迷糊糊的没在意很快又睡过去了。有几次比较清醒，弄明白原来是父亲在说梦话。奇怪的是父亲说梦话统统说英文，不说汉语！我当年英文还不行，又是断断续续的梦话，所以没听明白说什么。

此时陈翰伯已将近 60 岁，多年基本不使用英语，梦话居然都是英语，可见其英语功底之深。

在新闻专业方面，燕京大学新闻学系极为注重对学生采、写、编、评的新闻业务训练。从新闻媒体的角度看，那是一个报刊时代，政党、民间纷纷办报办刊，报业发达，新闻学实际上就是报学。据刘豁轩统计，1929 年到 1936 年该系年平均开设专业课程 16 门，课程设置仿照美国密苏里大学新闻学院分为四大类：

新闻编辑：采访，写作，编辑，社论；

报业经营：发行须知，经营及印刷，报业经营；

特殊报学：照片，实用宣传学，报纸翻译；

报学概论：比较报学，新闻史，毕业论文。

这些课程涉及报业的方方面面，并且注重理论与实践结合。实习分为三种：一是课内实习，讲授课程过程中让学生接受采、写、编、评的训练；二是报纸编辑管理的校内实习，20 世纪 20 至 30 年代，燕大新闻学系出版了中英文版日报《燕京新闻》，也出版过《新闻学研究》等刊物，还有学生会主办的《燕大周刊》；三是校外报刊实习。

大学期间的报刊实习为陈翰伯未来的办报办刊和出版工作打下了牢固的基础。他的实习卓有成效：

1933—1934 年之间，即我在二年级时，曾在《燕大周刊》上写过一篇评论国民党投降外交的文章，署真名。1935—1936 年之间，即我在四年级时，又在《燕大周刊》上写过文章。从这时起，开始使用王孝风笔名。1934—1935 年之间，在新闻系实习报纸《燕京新闻》上写过许多消息，署真名。和一名同学合写过校内古物调查，署名涔涔。1936 年 2 月，给上海《大众生活》写过一篇通讯，报道平津学生南下扩大宣传团的经过。[①]

顺着这一线索，查阅《燕大周刊》得知，陈翰伯在四年级以王孝风笔名写的文章发表在《燕大周刊》六卷三期上，题目是《日本侵华的动机与背景》，文章用"帝国主义是资本主义的最后阶段"这一理论，说明日本吞并中国的野心是不会半途中止的，它决不允许中国有一个暂时偏安的局面。在《燕大周刊》七卷六期上，他以王孝风为笔名，发表《一二·九以来燕大学生在学运中的地位》，分析了作为美国教会学校的燕大在学运中的独特优势，他认为"燕大当局的态度是代表美帝国主义的，在帝国主义矛盾的意义上，美国也是反日的。"他为上海《大众生活》写的平津学生南下扩大宣传团的通讯，还得到几元稿费，他用稿费买了 29 本艾思奇的《大众哲学》[②]分赠宣传团成员，这是当时著名的宣传马克思主义哲学的通俗读物。另据《中国人民大学藏燕京大学新闻系毕业论文汇编》[③]，陈翰伯的学士论文题目是

---

① 陈翰伯：《关于我写的文章和笔名》，载《陈翰伯文集》，商务印书馆 2000 年版，第 353 页。

② 《大众哲学》于 1934 年至 1935 年在《读书生活》连载，1936 年出版单行本。

③ 此书由方汉奇、王润泽主编，北京燕山出版社 2014 年出版。

《非常时日本之新闻事业》。这些文章显示了他大学时代对国际关系及国内外时事政治的关注，也反映了他的政治倾向。

大学四年级时，陈翰伯不仅在校内刊物上发文章、发消息，还是燕大学生刊物《燕大周刊》的主持者之一。1935年考入燕京大学的赵荣声[①] 回忆说：

> 1935年下半年，《燕大周刊》由当时的燕大学生自治会执行委员会主席黄华、文书陈翰伯及出版部长刘柯（原名刘克夷）主持。1936年春，上述三个秘密党员行将毕业离校，我正在秘密中共燕大党支部中任宣传委员，此时已被选举为燕大学生会执委会委员兼出版部长，党支部要我好好接办这个刊物。[②]

陈翰伯自己没有提及他如何编辑《燕大周刊》，但低年级的赵荣声回忆说，燕京大学课程繁重，要应付各种测验和考试，编《燕大周刊》的人经常为了写稿、编稿熬夜，光是每周把一本《燕大周刊》校对两遍，就要在印刷所里且等且校，花费两整天的时间。

在完成课业的基础上编辑《燕大周刊》，辛苦是自然的，但收获也不言而喻，出版家并非天生，是从求学阶段开始在实践中逐步历练而成的，陈翰伯的编辑能力、办刊能力、敬业精神受益于大学阶段的严格训练。

---

① 赵荣声于1935年考入燕京大学法学院，1936年加入中国共产党。
② 赵荣声：《"一二·九"运动的〈燕大周刊〉》，《新闻研究资料》1982年第4期。

二、学生会职员

陈翰伯从来都是认真、努力、刻苦读书的人，对学识有强烈的渴望。终其一生，甚至是出任副部级高官、掌管国家书刊出版工作时，都有挥之不去的书生意气，这是长年书香浸染而深入骨髓的气质，是青少年时代文化、价值氛围熏陶而成的精神。但陈翰伯从来都不是"两耳不闻窗外事，一心只读圣贤书"的书生，这与燕大的教育宗旨有关，与动荡的时代背景有关，与他的活跃性格和理想主义情怀有关，也与他所学的新闻专业有关，对"窗外事"的关注与参与其实就是一种专业学习或实习。

学生时代的陈翰伯非常活跃，喜欢结交朋友，与人为善，热心校园活动。这样的性格特征在他后来的新闻和出版生涯中帮了大忙，他的出版成就离不开与学术界、出版界的联系和交往。在燕京大学，他是学生中的活跃分子，"王孝风"的笔名，就源于他的活跃性格，陈延琳说：

> 我父亲是一个典型的书生。他年轻的时候性格活泼，喜欢说笑话，给人起外号。大学同学说他爱出小风头，他欣然接受，还给自己起个笔名"王孝风"，"孝风"就是"小风"的谐音。

性格活跃的陈翰伯进入大学不久，就结交了一些活跃同学。当时，燕大有两个学生团体，一个是"学生自治会"，简称"学生会"，一个是"学生抗日会"，简称"抗日会"，会员都是全体同学。抗日会是在九一八事变后成立的，主席是后来成为著名红学家的吴世昌，他在同学中很有威信，也很有号召力。陈翰伯在燕京大学的四年，是从1931年九一八事变的后一年到1937年七七事变的前一年。"这四年，北平困处危境，势如累卵。日本侵略军从长城一线向南压迫，北平天津沦陷在即。"① 抗日会就是燕大学生表达爱国热情、参与抗日活动的组织。1934年4月，日军曾唆使当时的北平市长袁良在颐和园宴请各国武官，袁良致函燕大教务长司徒雷登，邀约燕大女生出任招待和翻译，燕大同学闻讯大怒，吴世昌立即召集抗日会向学校交涉，退回请柬，由此可见燕大学生的抗日情绪和民族气节。

一年级新生陈翰伯积极参加学生会、抗日会的活动，他结交的朋友都是"进步同学"。他眼中的进步同学，关心国内外时事，关心国家前途命运，有政治热情，以天下为己任，批评政府弊政，要求抗日，要求民主，多为左翼青年，思想激进。表达爱国热情没有错，可违逆政府毕竟要冒风险，所以进步同学人数并不多，且行动保密，陈翰伯说：

> 学校里进步同学简直是凤毛麟角，在八百同学中顶多不超过二十人。我一进燕大，就和进步同学交上了朋友。

他记得第一次参加进步同学秘密聚会的情景。1933年1月，日军侵占山海关，形势突变，关内大震，燕大学生情绪激动，抗日会发

---

① 《巨浪，巨浪，不断地增长——燕京大学"一二·九"运动回忆片段》，写于1980年7月，原载《一二·九回忆录》，人民出版社1982年版。后载于《陈翰伯文集》，商务印书馆2000年版，第370—405页。以下引文未加注释者同。

起慰问中国军队的活动。进步同学中产生意见分歧，有的恨政府军队节节败退，不愿参加，所以进步同学秘密聚会讨论：

> 进步同学紧急开会。这是在一个同学的宿舍里，房间很小，挤了二十来人，房门上了锁，大家低声发言，几乎不能听到。我怀着好奇而又胆怯的心情，参加了生平第一次的秘密会议。会中充满左翼青年惯用的词汇，有的我也听不大懂。参加开会的女同学只有一个，她的发言最有说服力。她说，我们应该正确对待抗日会，应该积极参加它发起的各种活动。抗日会是群众性的团体，不是官办的，我们支持它的活动，才能扩大抗日会在同学中的进步影响。这个女同学叫杨缤，后来改名杨刚，当过《大公报》的驻美特派记者。

结果进步同学参加了慰问活动，慰问团分成两队，一队到秦皇岛，另一队到热河。陈翰伯参加了到秦皇岛的慰问团，他们带去了一些慰劳品，虽不过是杯水车薪，但表达了支持抗日的态度，也算为抗日尽了力。

从陈翰伯的这段回忆看，此时燕京大学进步同学中已有共产党员的身影。回忆中提到的杨刚[①]，1928 年考入燕京大学英国文学系，在燕大学生中年龄偏大，她于 1930 年加入中国共产党，1932 年秋已毕

① 杨刚生于 1905 年，原名杨季征、杨缤。其父杨会康在北洋政府时曾任湖北省代省长。抗战时期，杨刚与彭子冈、浦熙修、戈扬被誉为新闻界的"四大名旦"。1944 年至 1948 年，担任《大公报》驻美国特派员，在美国从事新闻采访。1948 年 11 月，奉命归国，经香港到达西柏坡。解放后曾任天津《大公报》副总编辑兼党委书记、周恩来总理办公室秘书、中宣部国际宣传处处长等职。1955 年春，调任《人民日报》副总编辑，分管国际报道。

业离校。此时杨刚为什么出现在燕京大学的学生宿舍？是个人行为吗？笔者没有找到可靠线索，不敢妄加揣测。很明显她比在校进步学生成熟理性得多，极具说服力和号召力。

活跃分子绝不止陈翰伯认同的进步同学，燕大学生个性纷呈，思想各异，学校的自由民主氛围、内容丰富的课程和阅读让他们了解和熟悉西方各种主义、思潮，民主竞选及竞选程序他们也不陌生。他们实践民主竞选的场所是学生会，学生会的主要职责是协助校方做与同学们生活有关的行政事务，每年换届，5月份改选，秋季开学时向每个同学征收会费1元。[1] 燕大各路活跃分子将学生会作为展示自我的舞台，每年的改选，就是各路活跃分子竞争学生会领导权的角逐。

1934—1935年的燕京大学学生会选举极富戏剧性，陈翰伯对全过程有值得重视的细节回忆[2]，今天读来仍可感受燕京大学的校园氛围和大学时代陈翰伯的激情与率直，也可感受一个老编辑的文字风格和编辑水平：

> 1934年5月，学生会选出新一届的职员，其中没有进步同学。但是，9月份开学时却发生了波折。有几个同学贴出布告，不承认当选的职员，说他们是贿选"内阁"，还号召同学拒绝缴

---

[1] 每个同学每学期向学生会缴纳会费一元，会费总额的百分之九十几都被学生会用作《燕大周刊》的纸张印刷费了。1935年秋季以后的《燕大周刊》，每星期出一期，免费发给全校师生每人一册。参见赵荣声：《"一二·九"运动的〈燕大周刊〉》，《新闻研究资料》1982年第4期。

[2] 学新闻的陈翰伯有专业敏感和训练，还有写日记的习惯，所以细节回忆值得重视。关于陈翰伯的日记，笔者求证过陈延琳，她说："在上海家里书架下见过几本日记，解放后没见了。"比陈翰伯晚一年考入燕京大学的赵荣声的回忆文章里说："1935年5月，左派学生在学生自治会的选举中获得胜利，掌握了学生自治会的领导权。"可为佐证。

纳会费。用现在的话来说，这下子就算是夺了学生会的权。原当选的一批人毫不申辩地就算下了台。进步同学对这次"政变"不支持任何一方。

在"政变"分子的头目中，有一沈昌焕。他是杭州之江大学毕业的，在燕大是政治系研究生，此人脑袋里充满全套资产阶级的政治概念和政治权术。看样子当时他还没有投靠国民党，抗战时期在重庆外交部当一名小卒；后来得到宋美龄的青睐，连年升擢，逃到台湾后，当上了外交部部长。

……

再说沈昌焕夺权之后，建立了一个临时委员会。这一年他们没有为同学办什么事，只是纠集一批人重新起草了一份学生会会章。这个新会章与旧会章有什么不同，怎么个好法，谁也说不上来。这一年会员未交会费，这是他们搬起石头砸了自己的脚。好个沈昌焕，他自有妙法：向学校当局秘密借款五百元。这件事，同学们只是风闻，谁也拿不出证据来。

1935 年 5 月，火选日子到了。沈昌焕召开全体会员大会，通过新会章之后，接着就要选举。他们自以为胜利在握，就要粉墨登场了……

"主席，紧急动议！"我大喊一声。按照开会规则，只要有人提出"紧急动议"，正在进行中的议程就要暂时搁下，优先讨论这个"紧急动议"。接着，我便质问沈昌焕："风闻你们向学校当局借款五百元（大洋），此等大事为何不提交全体大会讨论？"沈昌焕没有料到会遭此一击，弄得狼狈不堪，只得承认确有此事。顿时会场群情激动，纷纷要求回答。有人指责这是违反会员利益的行为，有人说这是非法交易，不应予以承认。

我正式提议："鉴于临时委员会未征得全体同学同意，私自向学校当局借款五百元，下届学生会不负责偿还债务之责。"经会员二人附议，议案成立。沈昌焕这帮人鸦雀无声，未敢辩护。我再提议，立即进行表决，获得大会多数通过。

……

过了几天，学生自治会再次召开全体大会，进行选举。选举分两段进行：第一阶段选学生会主席、副主席、文书（相当于秘书长）。经大会提名，当场表决，新闻系三年级同学张兆麐[1] 当选主席（现任吉林大学外语系教授），经济系女同学龚普生[2] 当选副主席，国文系三年级同学陈絜[3] 当选文书。

----

[1] 　张兆麐是陈翰伯新闻系同班同学，两人关系密切。作为燕大学生会主席，从 1935年 5 月开始，他领导的燕大学生会主办的《燕大周刊》发起抗日宣传攻势，曾组织发表了《抗日问题专号》、《法西斯问题专号》及有关学生运动的文章，在学生中产生强烈反响。但西安事变以后，张兆麐默默无闻，查不到任何公开信息，只是陈翰伯回忆中注释，20 世纪 80 年代初他是吉林大学外语系教授。张兆麐在燕大及毕业后一段时间非常活跃，这么深的资历为什么隐去？笔者充满好奇，后来终于在北京出版社 1985 年出版的《"一二·九"在未名湖畔》一书中，找到张兆麐写的回忆短文，得知他是东北籍流亡学生，和东北大学关系密切，而东北大学和清华大学先有中共党组织，他由陈絜带领在清华大学蒋南翔处举行入党仪式。1936 年在燕京大学新闻学系毕业后，经东北大学学生领袖宋黎介绍投到张学良东北军，担任《西京民报》社长，邀请陈翰伯进入报社。西安事变后渐淡出政治。

[2] 　龚普生，1932 年考入燕京大学经济系，1938 年加入中国共产党。1941 年，接受周恩来安排，到美国留学，争取国际社会对我国抗日战争的支持和同情，1949 年后曾任外交部国际条约法律司副司长。1980 年春，龚普生出任驻爱尔兰首任大使。

[3] 　陈絜即陈矩孙，1932 年考入燕京大学国文系，1935 年冬由姚依林介绍认识周小舟，参加中国共产党，次年任中共燕京大学支部书记、中共北平西郊区委书记、北平学联党团书记和中共北平市委秘书等职。乔松都在《乔冠华和龚澎：我的父亲母亲》（中华书局 2008年版，第 21 页）中说：1936 年初春，他介绍龚澎加入中国共产党。燕大毕业后，陈絜赴延安，新中国成立后曾任刘少奇秘书。

　　第二阶段选学生会执行委员，由新当选的主席张兆麐主持，用差额选举，多数当选办法。当场提名二十人为候选人，票数多的前十五名当选执行委员。我们提出的候选人全部当选。这次选举可以说是大获全胜，从"元首"到"内阁"大多数是进步同学或我们的朋友。

　　几天以后，当选的执委开第一次会议，推选执委会主席。经济系三年级同学王汝梅①被推定为临时主席，主持选举。王汝梅和另一候选人各得七票，票数相等。按照开会规则，主持会议的人不参加投票：只有在票数相等的情况下可以破例投票。这时，王汝梅说话了："我投王汝梅一票。"于是，他得八票多数，当选执委会主席。这决定性的一票，当时在校内传为佳话。

　　接着，执委会推定各部人选。我为膳务部部长（后改任文书，兼掌膳务部）；龚维航②为财务部部长。此外还有几个部长，我已不记其名了。③

　　这是燕大学生模仿西方议会选举形式进行的一场民主选举，文中的"紧急动议"、"元首"、"内阁"、"贿选"等词语都是西方政治概念。陈翰伯等进步学生"夺权"虽说不上预谋，但确实有所酝酿。此前一

---

　　① 王汝梅即黄华(1913—2010)，1936年加入中国共产党。1949年后长期在外交部工作，后任外交部部长、国务院副总理等职。

　　② 龚维航即龚澎，1933年考入燕京大学历史系，1936年加入中国共产党，抗战期间为中共驻重庆办事处新闻发言人。1949年后历任外交部新闻司司长、部长助理等职。1970年病逝。龚普生之妹。

　　③ 陈翰伯：《巨浪，巨浪，不断地增长——燕京大学"一二·九"运动回忆片段》，载于《陈翰伯文集》，商务印书馆2000年版，第374—377页。

年，他们"认真读了一些进步书刊"，虽没有建立什么团体，却扩大了朋友圈，"由于思想政治上的一致，我们团结得比较牢固"。所以在学生会选举中比较主动，获得学生会领导权。

可以看出，燕大校园里的民主政治很文明，这是一个接受文明教育的高素质群体，失败者面对竞争对手揭露出的事实，没有撒谎抵赖，没有强词夺理，没有恼羞成怒，而是乖乖下台。燕大校园里具有不同价值观念和现实利益的竞争对手，在校园政治博弈中基本是理性平和的。进步学生的校园选举胜利来的如此容易、顺利，他们欢欣鼓舞，踌躇满志。几个月后，他们成为了共产主义者，宣誓为主义而奋斗，为信仰而献身。

新就任的学生会一改原学生会的作风，实实在在地做了几件漂亮事，让晚年的陈翰伯记忆犹新。陈翰伯回忆，原学生会自私不作为，而新学生会作风清廉，真心实意为同学服务，不但不利用手中的权力与同学争利，反而勇于放弃自己的利益，因此得到同学们的信任。他说：

> 过去历届学生会的职员都喜欢追逐有油水的几个部。比如交通部部长坐小车不买票，膳务部部长添几个好菜不给钱，宿务部部长总是给自己和几个好朋友分配坐北朝南的好房间。我们清除了这些积弊。我、张兆麐、王汝梅甚至在校内没有分到房间，暂时住进西校门对面蔚秀园的平房里去，直到有人退学，才搬回未名湖东岸男生宿舍。这件事平平常常，但是深得人心。同学们对学生会更加信任了。①

---

① 陈翰伯：《巨浪，巨浪，不断地增长——燕京大学"一二·九"运动回忆片段》，载于《陈翰伯文集》，商务印书馆 2000 年版，第 377 页。

新学生会尤其得到一年级新生的支持。他们出版了《迎新特刊》，有效地帮助新生迅速熟悉大学生活。特别得新生人心的是制止"拖尸"。"拖尸"是英语 toss 的音译兼意译，有抛、掷的意思。"拖尸"是舶来品，是美国大学里流行的习俗，新生刚入校，老生会想方设法欺负或戏弄一下新生，给新生一个"下马威"。有美国文化背景的燕京大学和清华大学都流行过"拖尸"。从各种回忆来看，"拖尸"形式不一。陈翰伯的回忆是："刚刚入学的新生，谁要是嬉皮笑脸，能说会道，特别是爱在女生中间卖弄、讨好的，就会成为二年级同学的猎取对象，乘他不备，将他投入湖中。"一个大学生间的游戏，反映出当时美国校园文化对中国大学的影响。对于"拖尸"，亲历者有不同看法，如 1930 年入清华的季羡林认为是老生对新生开玩笑，没有敌意；1934 年入清华的赵俪生认为是对新生的侮辱；陈翰伯认为是随文化侵略而传入的"美国式的恶作剧"，这应该也是燕大新学生会的看法。新学生会态度鲜明，贴出布告，劝阻同学不要干这种无聊把戏，并且组织起来保护新生不被"拖尸"。陈翰伯说：

> 一天，学生举行迎新晚会。一年级同学在大楼外面自动排成队伍，准备抵抗前来"拖尸"的人。一时形势紧张，眼看就会发生斗殴。学生会主要负责人站在队伍前列，率领同学进入会场。预谋"拖尸"的人未敢动手。①

制止"拖尸"的结果，让新学生会在一年级新生中威信大增，发

---

① 陈翰伯：《巨浪，巨浪，不断地增长——燕京大学"一二·九"运动回忆片段》，载于《陈翰伯文集》，商务印书馆 2000 年版，第 378—379 页。

现了一些积极分子，几个月后，这些积极分子成为一二·九运动中的骨干力量。

三、一二·九运动学生领袖

青春是人成长的转折点，当一群有志青年成长的转折点遇上时代的转折点，具体说遇上外敌入侵、政局动荡，会演绎出一段怎样的激情燃烧的岁月？又将如何影响今后的人生和国家的命运？在宏阔的时代背景下，一群被欧美自由民主故事、苏维埃社会主义故事深深吸引的热血年轻人，用爱国情怀、用理想主义书写着历史。他们是用身心去爱国报国却又命运多舛的一代。不了解他们年轻时基于时代的所思所为，就很难理解他们中年、老年时的所言所行。在追寻了他们所处的时代和他们一辈子的人生轨迹之后，后人也许才能明白他们一些言行背后的逻辑。

"一二·九"一代，有强烈的民族危机意识。1931年九一八事变后，抗日救亡成为社会舆论的主旋律。不管左翼右翼，众多思想界、学术界人士纷纷发表言论，要求抗日。著名历史学家顾颉刚在20世纪20年代曾主张学术"只当问真不真，不当问用不用"。但九一八事变时他曾说："爱祖国者人之情也，九一八事变起，北京已当前线，予亦不能自止其敌忾之心，以文字参加抗日工作。"[①]1937年日本侵入华北，童书业在为《禹贡》半月刊《古代地理专号》所作的《序言》

---

① 　顾颉刚：《史林杂识初编》，中华书局2005年版，第2页。

中说："自从东北四省失陷以来，我们的国家受外侮的凌逼可算到了极点，所以有血气的人们大都暂时放弃了纯学术的研究而去从事于实际工作。至于留在学术界的人物，也渐渐换了研究的方向，即如本刊由研究地理沿革而转趋到边疆调查，就是这种潮流的明显的表现。"[①]连深居书斋的纯学者都站出来了，何况热血沸腾、精力旺盛的青年学生！正如当时的温和派代表人物胡适所说："民族主义已经获得压倒的势力，国家这个东西成了第一线，在现下的中国里是没有一种力量能够阻止这种大势的。"[②]

一二·九运动是北平学生发起的，由此拉开了全国性学生抗日救亡运动的大幕。一般认为，一二·九运动不局限于 1935 年 12 月 9 日当天的示威游行活动，也包括"一二·一六"及 1936 年"三·三一"等一系列示威游行活动。一二·九运动亲历者众多，其中有组织者、领导者，也有一般参与者。组织者、领导者和一般参与者的参与程度不同，回忆中的信息含量也就不同。其中姚依林的《姚依林关于一二·九运动的一次谈话》[③]，姚依林与其堂妹姚锦跨时两年的谈话实录《姚依林——百夕谈》[④]，蒋南翔的《我在清华大学参加"一二·九"运动的回忆》[⑤]，赵荣声、周游编的《"一二·九"在未名湖畔》等都是重要的资料。由于记忆的误差、失真问题以及意识形态的影响，关于一二·九运动的资料十分繁杂，许多隐秘的真相仍有待专门研究者去

---

① 童书业：《古代地理专号序言》，载于《童书业历史地理论集》，中华书局 2004 年版，第 299 页。

② 室伏高信：《胡适再见记》，《独立评论》第 213 号，1936 年 8 月 9 日。

③ 此文发表于《中共党史资料》2007 年第 4 期。

④ 此书由中共党史出版社 2008 年出版。

⑤ 《蒋南翔文集》下卷，清华大学出版社 1998 年版。

考订、揭示。笔者限于主题，主要谈陈翰伯回忆中亲历的一二·九运动。

作为一二·九运动中燕京大学的重要领导者之一，陈翰伯发表过多篇与一二·九运动有关的文章。早在 1936 年，他就在《燕大周刊》上发表过《一二·九以来燕大学生在学运中的地位》一文。中华人民共和国成立以后，1950 年，在《新闻学习》第 8 期发表《从"一二·九"看爱国运动》，这篇文章宏观笼统地谈一二·九运动，但只字不提自己。1979 年，他在《读书》第 9 期发表《在斯诺的小客厅里》；1980 年 5 月，他撰写《历史召唤我们前进！——〈一二·九运动史〉代序》，载于《读书》第 9 期；1980 年 7 月，他撰写《巨浪，巨浪，不断地增长——燕京大学"一二·九"运动回忆片段》，载于《一二·九回忆录》（人民出版社 1982 年版）。其中，《在斯诺的小客厅里》和《巨浪，巨浪，不断地增长——燕京大学"一二·九"运动回忆片段》两篇回忆录，有细节描述，有沉淀反思，不仅有助于了解陈翰伯，对一二·九运动的专门研究者也具有史料参考价值。

1. 运动前夕在美国记者家中得到敏感信息

1935 年 5 月，中日《何梅协定》签订后，华北将成为第二个东北、中国将亡国等传言纷纷。

陈翰伯回忆：1935 年 5 月，在新闻系师生的一次集会上，司徒雷登出席讲演，他含蓄地提到当时的华北形势，竟然老泪纵横，说出一句语惊四座的话："说不定，暑假以后的某一天，我们的燕京大学就办不下去了！"学生们听了都莫名其妙。若干年后，陈翰伯意识到，司徒雷登此时可能已从美国官方得到《何梅协定》签字的消息。

关于中日关系和中国局势，燕京大学学生会从美国记者埃德加·斯诺的小客厅里得到不少消息。陈翰伯记得，1935年10月后，他与学生会主席张兆麟、学生会执行委员会主席王汝梅（黄华）多次到崇文门附近埃德加·斯诺家中。斯诺曾为燕大新闻系高年级学生开过"特写"课，不过并没给陈翰伯这一级上过课。陈翰伯等人接触斯诺时，斯诺已经辞去燕大教职，专任纽约《太阳报》的自由投稿记者。在斯诺家里，陈翰伯等人得到许多消息，如华北"特殊化"到底是哪五省，有没有平、津二市，南京态度怎么样，宋哲元和二十九军的四个师长态度怎么样；红军正在向陕北行进，也许还要进入华北以阻止华北"特殊化"，红军司令部到底在哪里，兵力怎么样，装备怎么样，等等。

从斯诺小客厅里得到的消息很快扩大到燕园其他学生中，由于燕大学生会章程没有允许进行政治活动的规定，所以学生会成员只能以个人的名义发起组织了两个群众团体：一个是东北问题研究会，一个是时事座谈会。参加两个团体的学生各有二三十人，后来人数逐渐增多，每星期五晚上聚会一次。在同学们眼中，学生会骨干成了消息灵通人士。

在斯诺家里，燕大学生会骨干用英语给孙夫人宋庆龄写了一封信，表达了青年学生对国家命运的苦闷心情，由住在斯诺家的美国女作家史沫特莱转交。十几天以后，还是在斯诺家里，他们得到了宋庆龄亲笔签名的回信。宋庆龄希望北方青年不能只是苦闷，也不能只是埋头读书，"你们要有所表示，你们要行动起来！"① 怎么行动？大家七

---

① 陈翰伯：《在斯诺的小客厅里》，《读书》1979年第9期。

嘴八舌,27岁的斯诺夫人①爱激动,说起话来好像机关枪:"你们游行!用稻草扎一个假人,在它身上写上华北二字,把它放在棺材上抬去埋葬,用这个办法告诉群众,华北即将灭亡。"真是美国人风格。

12月9日,北平学生的整个游行示威活动计划,包括宣言、口号、游行路线和集合地点等,学生领袖们都已事先通知斯诺夫妇。活动之后的当天晚上,斯诺给纽约《太阳报》发了一封长电报,称这是北平学生的又一次五四运动。在斯诺的建议下,12月12日,燕大学生会在临湖轩举行了一次外国记者招待会,由学生会副主席龚普生和学生会执行委员会财务部部长龚维航(龚澎)姐妹俩主持。斯诺及合众社、《芝加哥每日新闻》、《华北明星报》、《亚细亚》杂志、《密勒士评论报》、《大学》杂志等驻北平记者6人参会。

斯诺夫人在1972年②和1978年两次重访中国。陈翰伯说:"这两次,我们都和她发生了一点友好的争论。她认为一二·九运动是在她们家的小客厅里发起的,而我们却一再恳切地告诉她这是中国共产党领导的。"③

2. 北平学生党组织领导了一二·九运动

陈翰伯在《巨浪,巨浪,不断地增长——燕京大学"一二·九"运动回忆片断》一文中回忆:"1935年夏秋,在燕大开过华北各界救

---

① 海伦·福斯特·斯诺(Helen Foster Snow),曾是美国新闻记者,著名记者埃德加·斯诺的前妻,《续西行漫记》一书的作者。笔名是尼姆·威尔斯(Nym Wales)。

② 陈翰伯回忆中误为1971年,陈延琳确认他是1972年从干校回到北京的。

③ 陈翰伯:《在斯诺的小客厅里》,《读书》1979年第9期。

亡会。徐冰同志从太原赶来，住了几天。"徐冰[1]于 1924 年在德国柏林加入中国共产党，1935 年在中共中央北方局领导下，在太原、北平组织华北救亡会、北平文化救亡会、华北民众救亡会等。如果陈翰伯的回忆无误，徐冰的出现，似乎可以说明中共中央北方局的人此时到过燕大，可能和救亡会有关，但笔者没有找到更多的证据证明中共中央北方局与一二·九运动的关系。

众多公开资料显示，分散在北平各高校的年轻中共地下党员组成了中共北平工作委员会，直接发动并领导了一二·九运动。1935 年 10 月以后，北平学生已看到中共驻共产国际代表团王明等以中华苏维埃中央政府和中共中央名义在莫斯科发表的《八一宣言》，这个宣言首次刊载于 1935 年 10 月 1 日中共在巴黎出版的中文《救国报》第 10 期上，号召停止内战，集中一切国力为抗日救国的神圣事业而奋斗。这一宣言极大地鼓舞了北平中共地下党发动学生运动。在接触《八一宣言》之前，大学生中共党员彭涛[2]、周小舟[3]等人，已频繁到各高校、中学，秘密宣传"反对出卖华北"、"开放言论集会"。彭涛联系了北京大学的俞启威[4]和清华大学的姚克广[5]等人。

---

① 徐冰，又名邢西萍，河北南宫人，1923 年赴德国留学。

② 彭涛，原名刘定乾。1927 年加入中国共产主义青年团，1932 年转入中国共产党。1934 年考入辅仁大学。

③ 周小舟，1931 年考入国立北平师范大学，1935 年 4 月加入中国共产党。中华人民共和国成立后任湖南省委书记，1959 年庐山会议中支持彭德怀的正确观点。

④ 俞启威，又名黄敬。1931 年考入国立青岛大学，1932 年加入中国共产党。1935 年考入北京大学数学系。中华人民共和国首任天津市市长。

⑤ 姚克广，即姚依林。1934 年考入清华大学历史系，1935 年 11 月加入中国共产党，并先后担任北平学联秘书长、党团书记。1936 年 5 月，被中共党组织调到天津工作，先在党的刊物《长城》担任编辑，后任天津市委宣传部长、市委书记。1949 年后，长期担任国务院财贸部门的领导工作。1979 年任国务院副总理。

陈翰伯回忆，燕大学生会骨干结识俞启威、姚克广（姚依林）是在斯诺家里。在如何反对政府与日妥协政策的问题上，俞启威主张先争取出版、言论、集会、结社的自由，得到大家的认同。在互相了解了政治态度后，他们的交往频繁起来。也可以说，燕大学生会此时已在地下共产党员领导下进行活动了。由于燕京大学有美资教会学校的特殊保护色，所以虽然已在政府立案，但政府对燕大行政管理及学生课外活动的影响却很小，燕大学生会也在校方支持下得以自由发展。俞启威、姚克广常到燕大活动，陈翰伯对俞启威的佩服溢于言表，他说：

> 他的谈吐像磁铁，一下子就把我们吸住了。看来，他不像是个学生，或者是一个异乎寻常的学生。我们在背后议论，但又不便多所议论。总之，我们很佩服他。他一来到我们宿舍，几个同学就不肯把他放走。有一次，他就和我挤在一张床上勉强睡了一晚。次晨，我们醒得迟了一些。为了赶校车进城，他错把我的一双布鞋穿走了。①

对于姚克广（姚依林），陈翰伯说：

> 还有一个新朋友是清华大学历史系学生姚克广。……他来的次数更多，燕京、清华毗邻而居，往来更方便一些。他也是受我们欢迎的朋友。……他们对形势的分析，使我们完全信服。②

---

① 陈翰伯：《在斯诺的小客厅里》，《读书》1979 年第 9 期。
② 陈翰伯：《在斯诺的小客厅里》，《读书》1979 年第 9 期。

秘密和公开的活动在燕大紧锣密鼓地开展起来，他们在校园连续张贴两期不署名壁报：

　　壁报图文并茂很吸引人。课前课后和课间休息时，观者如堵。不署编者姓名的壁报说出了当时环境中还不允许公开说的话。反独裁、要民主、反对卖国投降、要求团结抗战的色彩非常鲜明。在壁报上，我们公开说出了红军是我们的希望。在第二期上还报道了苏联第一个五年计划的成就，德国共产党人对纳粹的反抗以及日本并吞华北的野心。①

为了争取言论、集会合法，1935年11月1日，燕大学生会起草《平津十校学生自治会为抗日救国争自由宣言》，吁请国民党政府"尊重约法精神，开放言论、集会、结社自由，禁止非法逮捕学生。"② 其中四所天津学校，都是陈翰伯到天津征集的签名。他首先得到母校天津汇文中学学生会的支持，在母校同学的帮助下，只用了半天时间就得到天津女中、河北法商学院、河北女师的签名。他们将宣言寄给平津各报，无奈没有一家报纸同意刊登。

在中共地下党的领导下，11月18日，北平大中学校学生抗日救国联合会（即北平学联）成立，北平有了公开领导学生抗日救国运动的联合组织，学生运动如箭在弦上。

---

① 陈翰伯：《在斯诺的小客厅里》，《读书》1979年第9期。
② 《中国现代史资料丛刊》之一《"一二·九"运动》，人民出版社1954年版。

3. 陈翰伯是 12 月 9 日燕京大学请愿学生的总领队

1935 年 11 月下旬至 12 月上旬，北平学联不断在燕大秘密开会。燕大学生会骨干也不断进城参加学联会议。12 月 7 日，得知"冀察政务委员会"将于 9 日成立的消息，北平学联决定各校于 12 月 9 日举行请愿游行，并确定了具体组织安排和游行路线。

游行的消息是王汝梅（黄华）从城里带回燕大的。12 月 8 日晚上，燕大学生自治会召开全体会员紧急大会，通过第二天游行的决议。12 月 9 日的学生运动，陈翰伯是燕京大学请愿学生的总领队，他"登上一张方桌，发表了 15 分钟鼓动性演说，大队就从南校门出发了。"根据当时燕京大学校刊的统计，当时燕大有男生 610 人，女生 274 人，共 884 人，参加游行的学生约 550 名，占学生总数的 62%。队伍刚走到海淀镇，就遇见了前来阻拦的大批警察。陈翰伯等前去跟他们交涉，那个巡长模样的人要学生"高抬贵手"，退回学校，燕大学生根本不理，会同清华学生共一千余人一下子就冲过去了。学生们走到西直门，城门早就关上了。西郊各大学的同学，临时决定在西直门外开大会。同学们拿着喇叭筒轮流发表演讲，有的控诉日军的暴行，有的指责国民党的不抵抗，有的领头高喊口号。当天城里的学校北京大学、女师大和一些中学数千名学生也举行了游行请愿，城里城外交相呼应。

4. 陈翰伯赴上海发动学生得到民主人士的支持

12 月 16 日，北平学生又举行了规模更大的游行。而在 15 日，北平学联分别派陈翰伯和两位清华学生①赶往上海发动学生。事出突然，事先和上海没有任何联系，坐了三四十小时的火车，陈翰伯于17日清晨到达上海，在报摊上买了几份报纸和《大众生活》，人生地不熟，找谁呢？他灵机一动，从《大众生活》杂志查到邹韬奋先生办公室的电话，在电话中用英语说明了来意。邹韬奋介绍陈翰伯到浙江兴业银行找到章乃器，并和清华的两名同学会合。接下来几天，在章乃器、沈钧儒、沈体兰、王造时、沙千里、胡子婴等知名民主人士的帮助下，他们到一些大中学校联络鼓动，促成了12月24日圣诞节前夕的上海学生大游行。

5. 关于爱国与"赤化"的争论

联络上海学生大游行后，陈翰伯于年底返回燕园。1936年1月，平津各校组成南下扩大宣传团，向民众宣传抗日救亡，和工农群众结合。陈翰伯毫不迟疑地参加。南下扩大宣传团共四个团，一、二、三团由北平学生组成，天津学生组成第四团。燕大同学五十余人是第三团第二大队，王汝梅任大队长。大队下又分为四个小队，陈翰伯为第三小队队长。后来王汝梅调到指挥部，陈翰伯担任大队长。一月的华北正是阴历寒冬腊月，学生们离开温暖的课堂，来到乡村，不可谓不勇敢。行军或驻扎时，他们反复唱两首歌，即《时事打牙牌歌》和《工人歌》。陈翰伯记得《时事打牙牌歌》大约有二十节，其中有这样的歌词：

---

① 清华大学的两名学生，其中一位是韦毓梅，即孙兰。"一二·九"时清华大学女同学带头人，1949年后，任上海市教育局局长。

苏联本是共产国啊，

自由平等新生活啊，

人人都工作。

人人都工作啊

苏联《工人歌》里的歌词是：

生活像泥河一样流，

机器吃我们的肉，

煤烟涂黑我们的脸，

火酒烧焦了心窝！

……

全世界的工人兄弟，

团结起来一条心，

为了光明的新社会，

快把斗争来展开！

这样一些宣传共产革命的歌词，进步学生唱得热血沸腾。而晚年的陈翰伯反思，这样的歌词，农民根本听不懂，而且也引发南下宣传团成员的分歧。同学们抗日爱国之心完全一致，但对是否在政府领导下抗日意见对立。第四小队同学的政治诉求是对外为民族独立，对内为民主自由，他们认为"赤化"宣传跟抗日没什么关系，反对唱共产革命的歌曲，而进步同学则坚持己见。双方争执不下，激烈争论了一个晚上，谁也说服不了谁。陈翰伯说：

这场青年人的争论，内容非常丰富，几乎是从整个国际形势谈到了将来的抗日，再从个人的前途谈到形形色色的世界观。

结果，第二天清晨，第四小队宣布退出宣传团，大家在村口握手告别，王汝梅送出十里。剩下的同学后来在高碑店被国民党特务堵在一个小饭铺里，被迫返校。陈翰伯晚年反思，当时唱这些歌确实不妥，不利于团结群众抗日。

1936 年春季开学后，是陈翰伯在燕京大学的最后一个学期，也是他学生时代的最后一个阶段。此时陈翰伯等学运领袖们大都加入了中国共产党，各高校已建立了"中华民族解放先锋队"。燕大的民先队第一批成员是南下扩大宣传团的 29 名同学，春季开学后的一个月内扩大到一百多人。民先队成立了读书会，队员们如饥似渴地阅读、交流进步书刊，如陈翰伯分赠大家的马克思主义哲学普及读物《大众哲学》；还有英国维克多·格兰茨书店出版的《马克思主义手册》，这是一本上千页的厚书，其中第一篇是《共产党宣言》，最后一篇是《共产国际纲领》。

学生运动也没停止。1936 年 3 月发生"三·三一抬棺游行"，起因是学运中被捕的中学生郭清死于狱中，北平学联在北大举行公祭，祭后一些学生抬空棺上街游行示威，结果五十余名学生被捕，不少学生挨了打。陈翰伯这天没参加游行，而是被指定守候在燕大学生会办公室担任留守，燕大王汝梅等 7 人被捕，两周后陆续出狱。6 月 13 日，学联又发动六·一三大示威，喊出了"打倒日本帝国主义"、"中国人不打中国人"的口号。次日，各校宣布罢课，这次罢课时间过长，且已临近期末考试，同学中要求复课的呼声很大。7 月 1 日学联发出通知，各校一律复课。期末考试后，毕业生穿上学士服，参加了毕业典礼。陈翰伯的学生时代在轰轰烈烈的学运中结束了。[①]

1980年，陈翰伯写《历史召唤我们前进——〈一二·九运动史〉代序》一文时，正当改革开放初期，走出"文革"阴霾的他，重新唤起青春激情，他激励青年学生们像"一二·九"前辈那样，坚信党的领导，坚信马克思主义的思想力量，"为社会主义四个现代化"而"展翅飞翔"。他认为一二·九运动有两个主题：

第一个主题是中国共产党的领导。如前所述，北平学生党员组织和发动了一二·九运动，当时，日军步步进逼，国民政府步步退让，共产党举起救国和民主两面大旗，很快吸引了一大批接受西式教育的青年。救国和民主是热血青年的普遍诉求，国民政府难以满足这种诉求，而共产党成为他们实现救国和民主的希望所在。陈翰伯曾说自己加入共产党的动机是出于对日本入侵的义愤和抗日的要求。一二·九运动后奔赴延安的韦君宜，剖析自己的入党动机是"反对日本帝国主义"。他们都是一些优秀学生，韦君宜曾说：

1982年，有一个去美留过学的中年人告诉我：他在美国见到几位世界知名的美籍老华人科学家，他们在美国的地位极高。其中一个科学家告诉他："我是'一二·九'那时候的学生。说老实话我当时在学校只是一个中等的学生，一点也不出色。真正出色的，聪明能干、崭露头角的，是那些当时参加运动投奔了革命

---

① 以上"一二·九"运动的全过程参见陈翰伯：《巨浪，巨浪，不断地增长——燕京大学"一二·九"运动回忆片段》，载于《陈翰伯文集》，商务印书馆2000年版，第371—405页。

的同学。如果他们不干革命而来这里学习，那成就不知要比我这类人高多少倍!"我间接地听到了这位远隔重洋的老同学的心里话。他说的全是事实。我们这个革命队伍里有好多当年得奖学金的、受校长赏识的、考第一的，要在科学上有所建树当非难事。但是我们把这一切都抛弃了，义无反顾。把我们的聪明才智全部贡献给了中国共产党的事业。[①]

陈翰伯于 1936 年 2 月加入中国共产党，这是他人生的一个重要节点，从此他和那一代加入中国共产党的许多知识精英一样，以单纯、理想到透明的感情开始了新的人生旅程：以信仰为生活意义，以完成党组织交给的任务为工作使命，以党的利益为最高利益，跟着党去为美好的中国而奋斗。

第二个主题是马克思主义的思想力量。北平中共地下党把马克思主义的民族解放理论与学生中蕴藏的民族主义情绪有效地结合起来，使之成为一种有目的的政治力量。陈翰伯说：

当时的青年对形势会发出一系列的问题。他们争辩，互相探讨，阅读左、中、右各派救国救民的主张、学说。他们一会儿觉得这个有理，一会儿又觉得那个有理，莫衷一是，无从选择。但是，在反复比较之后，在急剧发展的形势中，特别是在参与了实践的斗争中，我们终于找到了照耀航程的探海明灯——马克思主义。只有无产阶级的世界观、科学的社会主义，才能救我国家于

---

① 参见韦君宜:《思痛录》，北京十月文艺出版社 1998 年版，第 1—10 页。

万劫不复的无边苦海。①

这段话与其说是总结一二·九运动的意义，毋宁看作是思潮涌动、风云变幻的大时代下，青年陈翰伯选择信仰、选择加入共产党的心路历程的自我披露，这在那一代参加革命的知识青年中非常有代表性。在 20 世纪 30 年代国共内战和日本侵略的内忧外患中，广大学生不由自主地被卷入了政治纷争之中，当时渐进的科学及实业救国的理想、激进的革命思想、汹涌的学生救国运动相互碰撞，影响着成千上万青年学生的人生选择。学运高潮退去，学运积极分子选择了不同的人生方向。有的奔赴延安，有的进入国统区；有的从政，有的治学；有的加入共产党，有的加入民主党派，有的无党派。无论是从政还是治学，共同的特殊经历使他们具有某些共同的气质。20 世纪五六十年代活跃于政坛、学术界、文艺界的中坚力量，大都有"一二·九"烙印。

著名出版家陈原曾经说过，因出版工作需要，他和陈翰伯 20 世纪 60 年代在国内出差、80 年代到国外出差，"无论是在六十年代还是八十年代的旅行中，翰伯总是用不同的方式启发我思考一个问题：为了提高全民族的科学文化水平，我们该奉献什么，我们能奉献什么。"② 这是一种家国情怀，陈翰伯的家国情怀是"一二·九"这样的大时代造就的，终其一生不曾丢失。如果不了解陈翰伯的青年时代，就很难真正理解陈翰伯的出版实践和理念。

<hr>

① 陈翰伯：《历史召唤我们前进——〈一二·九运动史〉代序》，《陈翰伯文集》，商务印书馆 2000 年版，第 368 页。

② 陈原：《记陈翰伯》，载于《陈翰伯文集》，商务印书馆 2000 年版，第 503 页。

第三章

报人生涯　另类潜伏

一、初出茅庐

1936 年夏，陈翰伯从燕京大学新闻学系毕业了。

按照北平学联党组织的安排，陈翰伯到达上海，做全国学联筹备工作。同时，他希望从上海开始自己的职业生涯。一个刚走出校门的大学生，没有什么家庭背景，贸然闯入繁华的大都市，一时找不到合适的工作自然在情理之中。秘密工作没有公开职业的掩护是无法想象的，就连基本生活都无法保障，何谈开展工作。陈翰伯在上海逗留时间不长，就从上海回到天津家里，在天津青年会夜校兼职英文教师约一个半月。

当年 10 月，陈翰伯接到同班同学、原燕大学生会主席张兆麐发自西安的信，约他到西安的报馆工作。张兆麐是东北籍流亡学生，大学一毕业，就由宋黎①介绍到西安投入到张学良的部下，担任《西京民报》社长，宋黎还引进了许多参加过一二·九运动的东北大学同学。②张兆麐也借此机会引进了陈翰伯。工作终于有了着落，陈翰伯很高兴，喜悦之情溢于言表。但理想和事业的召唤带来了感情上的失落，对陈翰伯来说，这是难言之隐，只能默默留在心里，记在日记里。陈延琳说：

> 我母亲卢琼英是燕京大学化学系学生，"一二·九"运动积极分子，在学校就跟我父亲熟悉。她晚年跟我们聊到"燕京同学谁都知道卢琼英喜欢陈翰伯！"但我父亲有女朋友叫汪春熙（苏州人），她坚决不去西安，就断了。
>
> 在上海我妈给我看过我爸一页日记，写汪春熙（后来改名汪溪，解放后曾任中华全国新闻工作者协会理事，首都新闻工作者协会会长）哭着说绝不去西安。解放后不久，我妈还督促我爸去看望汪，解释跟我妈结婚的事。其实谁也没什么错，我妈过分认真。
>
> 我妈一直有一盒零散照片，多是燕京时代，其中也有汪春熙

---

① 宋黎，1911 年生，吉林省人。1934 年加入中国共产党。1936 年以张学良秘书的特殊身份，在东北军中参与建立中共组织，开展东北军上层将领的统战工作。

② 张兆麐：《"一二·九"五十周年有感》，载赵荣声、周游编：《一二·九在未名湖畔》，北京出版社 1985 年 11 月版，第 4 页。

年轻时两张。我从小她就告诉我这件往事。我父亲去世后我也见过这位阿姨。我妈说她婚姻不幸，五十年代离婚。我父亲去世后，她跟我妈联系比较多，还共同翻译史迪威将军传。

1. 在张学良的《西京民报》

陈翰伯告别家乡、告别父母，没想到这一别就是十二年。他于1936年11月28日到达西安，第二天就到《西京民报》报社上班，从此开始了职业报人生涯。此后的十二年，他辗转西安、成都、重庆、上海等地数家报刊，晚年他回顾了自己的报人经历：

> 从1936年冬到1948年秋，我都作新闻工作而且主要是国际新闻的工作。这十三年中间，在我的笔头下多次出现过惊人的大标题，有的令人心情沉重，有的令人心情欢畅。我还写过几百篇社论、文章、资料。这些资料差不多都是为了配合国际新闻的，如人物介绍、历史背景、地理知识等等，每篇一两千字，急就而成，立刻付排，第二天早晨见报。①

作为陈翰伯职业生涯开端的《西京民报》，是张学良东北军的机关报。九一八事变后，日军侵占东北，东北军退出东三省，被蒋介石派到西北"剿共"。陈翰伯到了《西京民报》报社，很快发现这里的政治气氛活跃，大家自由地谈论抗日、民主等话题，不像在北平被压

---

① 陈翰伯：《国际风云变化可测》，《世界知识》1980年"第二次世界大战结束35周年有感"专栏。

抑着。在报社里，打交道的多是东北军的下级军官和士兵，特别是其中的学兵①，多半是从北平来的，他们之间有很多的共同语言，大家在一起回忆一年前的一二·九运动，当然更多的话题是谈论西安的局势。当时正值西安事变前夕，西安的三大政治军事势力即陕北红军、张学良的东北军、杨虎城的西北军关系微妙，东北军、西北军本来担当国民党政府"围剿"红军的任务，但陈翰伯很快了解到"陕北红军和东北军早已停战，和杨虎城的十七路军也停了战，甚至红军需要的药品和被服，东北军也帮助用卡车运了过去。听说两边官兵还开过前线联欢会；又听说东北军有一个团长被红军俘虏了，大约一个多月后又放了回来，这些事在东北军里几乎人人皆知。"初到西安的所见所闻，使陈翰伯觉得"抗日民族统一战线已经扩大多了，有可能发动上层，争取上层来参加停止内战、一致对外的爱国斗争。"②

《西京民报》的社长、总编辑是张兆麐，陈翰伯当然是骨干。两位从燕大新闻系毕业的中共党员办报，政治倾向性是很鲜明的。12月9日，《西京民报》发了一篇纪念一二·九运动一周年的社论，很受学生们和知识界的欢迎，西安学生举行了大规模的示威游行，《西京民报》除了报道消息，还提出"拥护张副总司令领导我们抗日"的口号。"文革"中，不学无术的造反派在审讯陈翰伯的时候听到这句

---

① 张学良东北军为培养军事人才，招考部分青年学生，为候补军官。据张兆麐回忆，一二·九运动的政治口号为张学良所接受，曾经引起张学良的重视，一二·九运动发生后他任用东北大学学生领袖宋黎，宋黎又引进了许多参加过一二·九运动的东北大学同学，也引进了东北籍的张兆麐。张兆麐又引进了陈翰伯。参见《"一二·九"在未名湖畔》中的张兆麐回忆文章。

② 陈翰伯口述，高崧、胡邦秀整理：《在白区新闻战线上（1936—1948）》，载《新闻研究资料》1987 年第 3 期。

口号，立刻神经过敏起来，质问陈翰伯"你们为什么拥护张学良来领导抗日？"陈翰伯不卑不亢，答道："在这以前，我们已经知道张学良的政治态度，他是要抗日的。作为东北军的主帅，他要打回老家去；他要求蒋介石抗日，蒋介石不答应。张学良要抗日，我们就拥护。当时，我处在那样的环境，能在报上直言不讳地要求红军领导抗日吗？"[①] 其实，陈翰伯对张学良丢掉东北多有微词，笔者和陈翰伯的外孙陈冲谈起过张学良，陈冲说：

记得有一次和外公看一个电视剧，看到张作霖与手下大将杨宇霆共谋如何对付日本人的情节，我外公撇嘴说，张学良把杨宇霆杀了，杀掉父亲的老臣，东北军的战斗力一落千丈。

原北京新闻学校学员、商务印书馆的高崧等人记录了陈翰伯在《西京民报》办报的故事：

进《西京民报》之初，每天都见到新闻稿中有几篇"剿匪捷报"，陈翰伯毫不犹豫地给扔进废纸篓里。一天，张学良派人来找陈翰伯，直言不讳地说："这个'捷报'，是我们自己编造的，报上要登出来，骗骗蒋介石。"张学良的东北军和红军之间早有停止内战、一致对外的秘密协议，但在场面上张学良又不能不拿这个"捷报"来敷衍蒋介石，陈翰伯权衡局势，只好把这些"捷报"打发在报屁股上。某天，"西北剿总"又送来一篇所谓"红

---

① 陈翰伯口述，高崧、胡邦秀整理：《在白区新闻战线上（1936—1948）》，载《新闻研究资料》1987 年第 3 期。

军俘虏营访问记"。其实哪有什么俘虏营，全是子虚乌有的东西，但张学良为了敷衍蒋介石，不得不搞这个把戏。陈翰伯说，诸如此类，几乎每天出报，都要遇到一些难题。做地下工作，有地下工作的纪律，不能遇事请示上级，只能自己当机决断，真是难啊！①

可想而知，一个刚出校门的22岁的青年人，要独立认识和应对复杂多变的政治环境，周旋于各种政治势力之间，独立处理报纸的言论和新闻版面，隐蔽地发出中共党组织的声音，在今天看来是不可思议的。

1936年12月12日，西安事变爆发。早上6点多钟，在报社值夜班的陈翰伯完成报纸编辑工作准备休息，忽然听到噼噼啪啪的枪声，但不知何因。大约10点来钟，得知张学良、杨虎城两将军把蒋介石扣起来了，陈翰伯和同事们立刻兴奋起来。良好的新闻素养让他立即作出反应，想赶紧发个号外，把这特大喜讯报道出去。他们马上动手写稿子，调整当天的报纸版面，砍掉原有的中央社电讯和报社自己采访的新闻，安排上西安事变的新稿子，号外很快印刷出来了。头版头条报道了西安事变，大标题是"张杨对蒋实行兵谏"，副标题分三行排列"改组南京政府容纳各党各派　停止一切内战开放民众运动　遵行总理遗嘱召开救国会议"。这时，上白班的人都来了，陈翰伯跟大家一起拿上号外分头跑到大街上叫卖。起先还是几个铜板一张，后来干脆不要钱在大街上散发起来。震惊中外的西安事变的消息，迅速传遍全国，传向世界，而最早进行报道的，正是《西京民报》

① 高崧：《青春办报　皓首出书——纪念陈翰伯从事新闻出版工作五十周年》，载于《报人出版家陈翰伯》，人民日报出版社1990年版，第51—68页。该文写于1986年11月。

的这张号外。

西安另一份报纸《西京日报》是国民党政府办的报纸，它还照旧刊登中央社的消息，对西安事变报道的口径与《西京民报》完全不同，说张学良、杨虎城是叛乱。张学良下令没收这张报纸，并立即派了东北军的秘书郭维城①组织一个班子去接管，《西京民报》的总编辑张兆麟也被抽调去了，更名为《解放日报》。

张兆麟去《解放日报》以后，陈翰伯担任了《西京民报》的总编辑。西安事变几日后，中共党组织派人在《西京民报》建立党支部，支部成员有总编辑陈翰伯、副刊编辑魏恩民、报社经理段兢，此外还有一位东北军的秘书，因为他那儿没有建立支部，也编在《西京民报》。陈翰伯被指定为党支部书记。中共党组织常常派人来给《西京民报》的党员讲解形势，但办报的方针则由支部成员商量决定，他们一直认为应按照张学良、杨虎城的八项主张来宣传，不讲过头的言论，而是以张、杨的立场出现。

担任《西京民报》总编辑后，陈翰伯深感责任重大，他以极大的热情、极强的责任心将全部精力都放在这张报纸上，不参加任何社会活动，认真把关，确保报纸顺利发行。报纸是四开一小张，第一版是国内新闻，陈翰伯感觉这是最难把握的，报道什么？怎样报道？字字句句都要仔细斟酌。其余三个版上的国际新闻、本市新闻和副刊都比较好办。不管哪个版面上，南京发的东西他们一字不登。

在各方努力下，西安事变最终和平解决。

---

① 郭维城，今辽宁义县人，1933年加入中国共产党。1934年毕业于东北大学政治学系。1955年被授予少将军衔。曾任中国人民志愿军铁道兵指挥所司令员，铁道部副部长、部长等职。

蒋介石回南京后，即把张学良扣起来。东北军群龙无首，发生内讧，出现"和"与"战"的激烈冲突。"少壮派"提出武力解决，营救张学良。张学良的亲信部属王以哲[①]在张学良被扣留后，是东北军中与中国共产党联合的核心人物，他支持中国共产党的和平主张，因此成为"少壮派"的眼中钉。1937年2月2日，陈翰伯正准备外出去看电影，忽然听见枪声，事后才知道王以哲将军被"少壮派"枪杀。

1937年2月后，东北军被蒋介石调防安徽，《西京民报》停办，报纸器材随军东迁，在一次渡河中全部损失。陈翰伯没有随东北军转移，而是留在西安，暂时"待业"。

2. 在杨虎城的《西北文化日报》

1937年3月，西北文化日报社的社长宋绮云[②]找到陈翰伯，约他到《西北文化日报》去编副刊。编副刊不需夜间上班，白天看看稿子，编一编，用不了多少时间，一天的工作就完成了，这对年轻精力旺盛的陈翰伯来说太轻松了。没过多久，报社负责国际新闻的老编辑因错被辞退。编国际新闻常值夜班，是桩苦差事，报社一时找不到合适又愿意干的人，陈翰伯想多占领一块阵地，便自告奋勇揽下了国际新闻版的编辑工作。后来他又承担了每天写一篇社论的工作。这样，陈翰

---

① 王以哲，东北军高级将领，张学良的亲信部属，西安事变策划的主要参与者和实施者。1936年7月，由周恩来介绍秘密加入了中国共产党。

② 宋绮云，1927年加入中国共产党。西安事变前夕，参加草拟张、杨抗日救国八项主张等文件。宋绮云一生追随杨虎城，为杨虎城办报。事变发生后，他利用《西北文化日报》，全面介绍事变的起因、经过，宣传停止内战、一致抗日的主张。1941年底被军统特务逮捕，1949年9月，与夫人、幼子"小萝卜头"及杨虎城父子一起在渣滓洞被害。

伯就把《西北文化日报》的副刊、国际新闻和社论都管了起来。尤其是社论事关重大，陈翰伯说：

> 组织上并不指定我写什么，只是随时来讲讲形势，由我自己决定社论内容。①

陈翰伯一人干三个人的工作，却始终没有一个职衔，他自己印的名片上还是"西北文化日报记者"。当时，报社的社长也不大管编辑部的事，每天按部就班出报就行。

敏感信息的刊登最考验编辑的能力，陈翰伯在这方面表现出过人的机智灵活。七七事变②后，红军改编为八路军，西安的共产党办事处可以公开活动了，但国共两党还是不断有摩擦。八路军办事处一位参议宣侠父在上班路上突然失踪，大家都意识到是被国民党特务绑架了，八路军办事处向国民党交涉，他们根本不理，于是写了一篇新闻稿揭露这件事，希望《西北文化日报》刊登。陈翰伯的处理办法是：

> 我对他们说："国民党有新闻检查，这条新闻肯定要被他们扣掉，是登不出来的。"新闻没法登，我就给他们出了个主意，登一个寻人广告，因为广告是不检查的。我把新闻稿改成广告，

---

① 陈翰伯口述，高崧、胡邦秀整理：《在白区新闻战线上（1936—1948）》，载《新闻研究资料》1987年第3期。

② 七七事变又称卢沟桥事变，发生于1937年7月7日，为中国抗日战争全面爆发的起点。

附一张照片，把宣侠父的相貌、特点，作一些扼要的描绘。[①]

消息顺利刊登出来，但国民党方面还是不予理睬。直到半个世纪后，陈翰伯翻阅沈醉回忆录《我这三十年》，才确知宣侠父被军统的人绑架，活埋在一口枯井里。

在《西北文化日报》工作期间，陈翰伯曾秘密陪同斯诺夫人访问了延安。那是 1937 年 4 月，陈翰伯接到来自北平的电报，得知《西行漫记》作者斯诺的夫人海伦·福斯特·斯诺要到西安来。陈翰伯如约到车站接人，但没接到。接不到很正常，因为海伦于 4 月 23 日到达西安车站，一下火车，就被军警安排进了"西京招待所"，那是当局允许的、在西安的外国人唯一可以下榻的地方。抱着试一试的心态，陈翰伯第二天找到"西京招待所"，那里只住着几个人，很容易就找到了海伦。海伦希望陈翰伯陪同她去延安访问、做翻译。两位老朋友正谈着话，警察局的人走进来，告诉海伦不能离开西安城，否则不安全。陈翰伯用了几天时间也甩不开警察，无论带海伦参观名胜古迹还是看电影，总有警察局的人跟着，生怕海伦离开西安。4 月底在八路军办事处的谋划下，陈翰伯离开西安到达苏区。而海伦也在美国商人帮助下逃离招待所，他们在苏区会面。

他们到达延安的确切日期是 5 月 1 日。当天傍晚，在延安南门，黄华前来迎接。那几天延安正在召开党的全国代表会议[②]，他们见到

---

① 陈翰伯口述，高崧、胡邦秀整理：《在白区新闻战线上（1936—1948）》，载《新闻研究资料》1987 年第 3 期。

② 当时称为全国苏区代表会议，1937 年 5 月 2 日会议开幕，主题是进一步动员全体共产党员和全国人民巩固和平，争取民主，早日实现对日抗战。出席会议的正式代表 260 人，列席代表 74 人。

了来延安开会的俞启威。几位一二·九运动中的老朋友短暂相会在延安。在那几天里，陈翰伯陪海伦访问过毛泽东主席和朱德总司令，还有几位长征过来的女同志。毛泽东主席谈的都是抗日统一战线初步形成以后党要做的事情、党的任务。陈翰伯说：

> 在《毛泽东选集》中有两篇文章，一篇叫《中国共产党在抗日时期的任务》（1937.5.3），一篇叫《为争取千百万群众进入抗日民族统一战线而斗争》（1937.5.7），毛主席谈的话大致都在这两篇文章里了，因为这是毛主席在代表会议上一头一尾的两个讲话。我们5月初到那儿，谈话当然就是这些内容。①

在延安，陈翰伯还陪同海伦参观了延安抗大、陕北公学，看了苏区的革命文物，如邮票、钞票，还有各种宣传品、印刷品等等。

在延安期间，陈翰伯从西安方面得到消息，没有什么人来查问他，警察局也没有人知道他上哪儿去了，因此可以回西安工作。于是，陈翰伯告别延安，告别海伦等人，一个人回到了西安。而海伦在延安待了四五个月，她的采访经历后来写成了《续西行漫记》。陈翰伯陪斯诺夫人采访前后共用了十八天，回到报社，他的同事们谁也不问他去哪儿了，十八天没有露面，竟没有引起任何麻烦，他知道同事们大概心中有数，不便多问，当然他也不便告诉自己的行踪。延安之行，陈翰伯没有给报社写文章，他觉得这个文章不好写，没法写。陈翰伯说：

---

① 陈翰伯口述，高崧、胡邦秀整理：《在白区新闻战线上（1936—1948）》，载《新闻研究资料》1987年第3期。

对我来说，我不是去延安采访，而是接受了一次关于形势的短期训练。这对我是非常宝贵的。在西安，没有一个人能像我这样，直接听到毛主席讲形势。[①]

二、活跃于成都、重庆新闻界

1937 年，陈翰伯在西安与燕京大学低一级的同学卢琼英结婚。谈到父母的爱情与婚姻，陈延琳说：

我母亲 1936 年回宁波奔丧（父死）后，没有回燕京大学读到毕业，而是带着妹妹一起去西安，1937 年不知几月份在西安跟父亲结婚。从结婚照穿的衣服看，应该在我父亲去延安前。我姨先去了延安，在鲁艺写歌曲。我母亲怀孕了才去延安，在女子大学学习，1938 年奉命回西安，7 月生了我。我三个月时父母带着我到成都。

我妈不乏追求者，大学里有位阔公子，弹一手好钢琴，宁波有一两位青年，很帅，有照片，后来都是共产党，可是我妈认为我爸最好。

陈翰伯在西安工作到 1938 年 10 月，经党组织批准，前往成都。离开西安到成都工作是陈翰伯自己提出的，他说：

---

① 陈翰伯口述，高崧、胡邦秀整理：《在白区新闻战线上（1936—1948）》，载《新闻研究资料》1987 年第 3 期。

1938 年，华北战事南移，日军占领了太原、临汾，一直到了风陵渡。10 月，武汉沦陷。这时，我仍在西安工作，我们夫妻二人身边还有一个小孩。孩子没人带，感到非常不便；而我的老岳母又一个人远在贵阳，无人照顾，两头都困难。于是，我向组织上提出，能否换一个地点工作，经组织同意，我就到成都去了。我在成都建立了一个新家，把老岳母也接来了。

陈翰伯夫妇带着三个月大的女儿从西安前往成都，当时交通状况恶劣，一路颠簸，还遭遇过日本飞机轰炸。陈延琳说：

> 我三个月时父母打算去成都，火车拥挤，他俩坐在火车顶上，遭到日军飞机轰炸，我母亲被震摔到地面受伤，我被她紧紧抱着没受伤。等我母亲养伤痊愈，他们再次带我去四川，大部分路程靠破旧长途汽车，途中钱被偷光，他们变卖了结婚戒指才到达成都。

1. 在成都钟汝为的《新民报》

陈翰伯一家到达成都时，已经是 1938 年 12 月底。经罗世文[①] 介绍，陈翰伯进入《新民报》[②]。《新民报》社长叫钟汝为，抗战初期主编

---

① 罗世文，四川威远人，1925 年加入中国共产党。抗战时期，先后任中共四川省临时工作委员会书记、川康特委书记兼第十八集团军成都办事处负责人和《新华日报》成都分社社长。1940 年 3 月 18 日，罗世文与车耀先被国民党特务逮捕，最后关押渣滓洞，1946 年 8 月被秘密杀害。

② 与陈铭德办的著名的《新民报》同名。

过《国难日刊》，办了三个月，即被国民党查封。后来依托四川一个地方实力派，又办起了这张《新民报》。钟汝为当时是中共党员，工作人员中有两个记者是党员，其他发稿的编辑也都是进步分子。陈翰伯在《新民报》负责写社论，当时欧洲局势紧张，他分工管国际时事方面的社论。

四川此时是国民党政府所在地。日本发动全面侵华战争后，国民政府于1937年11月19日移驻四川重庆，1940年正式将重庆定为"陪都"。四川的报纸，除中国共产党在重庆办的《新华日报》外，新闻来源多依靠国民党中央社的电讯。对于《新民报》和成都的报纸，陈翰伯的感觉是：

> 整个说来，这张报纸（指《新民报》）没有什么特色，因为没有自己有分量的新闻报道。当时成都的报纸都是这样，靠剪报过日子，重庆来了报纸，就剪下来登。《新民报》与众不同的是，居然敢剪登《新华日报》上的东西，而且在言论上也常常说一点别家报纸不敢说的，所以还受读者欢迎。[①]

2. 负责"全民通讯社"成都发稿

陈翰伯在《新民报》工作几个月后，到了当年夏天，中共党组织派人让陈翰伯负责"全民通讯社"在成都的发稿工作。"全民通讯社"是在抗战开始不久，周恩来和民主人士沈钧儒、李公朴在太原筹

---

① 陈翰伯口述，高崧、胡邦秀整理：《在白区新闻战线上（1936—1948）》，《新闻研究资料》1987年第3期。

划的，他们希望办通讯社把敌后的战斗报道出去。沈钧儒、李公朴回到武汉就开始筹备，后来到重庆找了燕京大学新闻系毕业的中共党员周科征担任"全民通讯社"社长，不过周科征在社会上还是以中央银行职员的身份活动。由于国民党政府的新闻控制严格，"全民通讯社"决定隐蔽一些，于是就把发稿中心从重庆移到成都，由陈翰伯主持发稿工作，重庆留下几个人，只管些采访工作，万一遭到打击，重庆待不住了，成都还可以继续工作。"全民通讯社"在八路军和新四军里有自己的战地通讯员，陈翰伯负责把收到的稿子改写一下，删掉过分刺激的言词，然后再油印分送给各报登载。除了通讯以外，还发一点欧战和太平洋战场上的新闻背景资料，有的是翻译的，有的是通讯社自己写的。这时，陈翰伯把主要精力放在"全民通讯社"，《新民报》的工作尽量减少。

1940 年春，国民党借"抢米事件"①，逮捕了四川中共地下党的两位领导人罗世文和车耀先，与此同时，还加强了新闻检查。此后不久，陈翰伯接到重庆"全民通讯社"的电报，要他赶往重庆。陈翰伯到重庆后才知道社长周科征被抓了，原来这事跟"抢米事件"有关。事情经过是陈翰伯把抢米事件写了个详细的报道寄给重庆的周科征。周科征根据陈翰伯写的报道改写成英文稿，辗转托人带到昆明去，想转交合众社的记者，通过合众社记者在外国的电讯和报纸发出来。不料这封信在飞机场被特务检查出来，信中有一句要害的话是："此事

---

① 1940 年 3 月 14 日，成都因粮食市场供应短缺而引发民众打砸商铺、抢劫粮行。此时国共关系紧张，两党对这一事件各执一词。国民党指责共产党煽动群众抢米，发动"暴动"；共产党指责国民党特务机构雇佣流氓抢米，嫁祸共产党，以达到迫害共产党的目的。陈翰伯当然持后一种观点。高崧、胡邦秀整理的陈翰伯的口述误把 1940 年春写成是 1941 年春。

显系中央所为，嫁祸于共产党。"于是特务把捎信的人抓了起来，不久周科征被捕。好在周科征的公开身份不是"全民通讯社"的，所以没有波及其他同事。同事们商量对策，决定不收摊，只是要更隐蔽一些，后来断断续续坚持了一段时间。对于"全民通讯社"的作用，陈翰伯说：

> 在全民通讯社，我们发过不少被国民党封锁的战报，发过揭露国民党黑暗统治的通讯，这些新闻稿子直接作为新华社的消息，肯定登不出来，全民通讯社的面貌比较隐蔽，反而能被一些报纸登出来。①

3. 在重庆孔祥熙的《时事新报》

重庆之行后，陈翰伯又回到成都"全民通讯社"办事处主持发稿工作。

1941年3—4月间，陈翰伯离开成都，到重庆定居。他先是在《时事新报》工作过数月，都是夜班工作，编辑国际新闻。9月前后，周恩来介绍他到苏联大使馆工作，主要是翻译塔斯社电讯及苏联报刊上的文章（都是英文的），还编了一个新闻公报式的小刊物《新闻类编》，免费分送给重庆各报社、机关、团体、学校及个人。②

1942年春节以后，陈翰伯第二次进入《时事新报》工作。他说：

---

① 高崧：《青春办报　皓首出书——纪念陈翰伯从事新闻出版工作五十周年》，载于《报人出版家陈翰伯》，人民日报出版社1990年版，第51—68页。该文写于1986年11月。

② 陈翰伯写于1968年10月31日的交代材料。

　　我在苏联大使馆新闻处工作大约不到半年，每天上班、下班、中文、英文，别的事情一点也不能做，所以我感到意义不大。我在时事新报馆工作时，可以听到许多报纸上不能发表的消息以及在社会上流传的谣言，国民党中宣部常常给各报馆发来什么"宣传指示"，说登什么，不登什么，以及对某一重大问题的看法等等。其中有许多东西是针对我党的。这个东西当然不会交给新华日报馆。从前，我每次看见，就一定向潘梓年[①]汇报。我在苏联大使馆新闻处工作，就没有这种便利了。经我向潘梓年请示，我辞去了苏联大使馆的职务，又回到了时事新报馆。这是我第二次进入该报馆。其时为1942年春节以后。[②]

　　《时事新报》是孔祥熙买下的报纸，除《时事新报》外，孔祥熙还拥有英文《大陆报》和申时通讯社两家新闻机构。《时事新报》有一个社论委员会，专管报纸言论。在陈翰伯看来有趣的是，社论委员会成员既有国民党中央社的，也有老共产党员张友渔、彭友今等。这些政治态度截然对立的人，竟被孔祥熙撮合在一起为他的报纸效力，说明这位国民党的财政部长很会赚钱，也能反映当时的新闻生态。当然孔祥熙不会自己亲自管理报馆，而是派亲信打理。由于政见不同，这个社论委员会里经常吵架，矛盾激烈了，就要闹到孔祥熙那里，后来孔祥熙让报社经理张万里排了一个日程表，每人轮值写社论，文责自负，以免再吵架。

---

　　① 潘梓年，江苏省宜兴县人。《新华日报》第一任社长，被称为"中共第一报人"。1923年毕业于北京大学。1927年加入中国共产党。陈翰伯在重庆的组织关系由潘梓年管。
　　② 此份交代材料所署日期是1968年11月12日。

陈翰伯第二次进入《时事新报》的职务是资料室主任，开始只有他一人，后来又进了个青年。他说：

> 我经常用"本报资料室"作为署名，写国内外时事述评之类的文章。我尽量把党对形势的看法用我自己的口吻写出来。反复宣传要坚持抗战，反对妥协、投降，在国际问题上，宣传团结对敌，不要倒退。[①]

陈翰伯在《时事新报》干了一年左右的资料室主任，1943年春调任采访部主任。在采访中，他常看到与国民党政府宣传不符的事实，这让他很难拿捏采访报道，由此导致他在报社的尴尬境况。如1943年3月，他随重庆记者团到成都参观四川建设展览会，得到的内幕消息是展览会上的各种统计表都是伪造的，这让他无法动手写稿。对新闻理想、政治立场的坚持，似乎让他难以在《时事新报》发挥能力。当时物价暴涨，而报馆薪水不涨，报馆员工要求加薪遭到经理拒绝。陈翰伯就在编辑部发动怠工，办法是故意放慢出报时间，以此对老板施加压力。当时报纸收入主要来自本市零售，谁家的报纸出得早，就卖得多些，出得晚了，就卖不出去，自然就影响报馆收入，所以各报馆都抢先出版发行。陈翰伯发动怠工，结果被人告密，别人都提高了薪水，唯独陈翰伯没有加薪，他选择了辞职。

在1943年10月，第二次离开《时事新报》后，陈翰伯到刘尊棋等人合办的中外出版社工作，编辑孙伏园主编的《文汇周报》。同时，

---

① 陈翰伯口述，高崧、胡邦秀整理：《在白区新闻战线上（续）（1942—1946）》，载《新闻研究资料》1987年第4期。

又在"民治新闻专科学校"兼职，教新闻采访和编辑课。

1944 年 5 月，《时事新报》人事变动，总经理换人，陈翰伯随孙伏园第三次进入《时事新报》工作，任资料室主任。同时兼任中外出版社编辑工作，晚上兼职"民治新闻专科学校"的教学。9 月底，《时事新报》再次人事变动，全体编辑人员集体辞职。三进三出《时事新报》，一身兼多种工作，说明抗战时期陪都生活艰难，政治环境复杂多变，这也是当时知识分子共同的境遇。

4. 在重庆陈铭德的《新民报》

1945 年 8 月抗战胜利，9 月，在《新民报》工作的中共地下党员提议陈翰伯进《新民报》，当时著名记者浦熙修[①]与报社老板陈铭德、邓季惺夫妇关系密切，在她的推荐下，陈铭德邀请陈翰伯担任《新民报》副总编辑。《新民报》是上海《新民晚报》的前身，1929 年 9 月 9 日在南京创刊，抗战时《新民报》迁到重庆。1938 年 1 月 15 日，《新民报》重庆版正式发刊；1942 年 11 月 1 日，《新民报》的晚报问世。一般认为，陈铭德的《新民报》靠的是三张一赵，三张是指张恨水、张友鸾和张慧剑，他们都在副刊上写东西，是知名文人。赵是指赵超构，《新民报》四大支柱中只有他在报纸上写一些社论、短评。

陈翰伯进入《新民报》后，陈铭德对总编辑、副总编辑有明确分工。总编辑方奈何主持日报，陈翰伯主持晚报。当时晚报的副刊已有

[①]　浦熙修，1933 年毕业于北京师范大学。1936 年起在南京《新民报》当记者，与彭子冈、杨刚、戈扬并称当时新闻界"四大名旦"。1944 年加入中国民主同盟。新中国成立后曾为《文汇报》驻京办事处负责人。

吴祖光等人负责,所以陈翰伯实际只负责《新民报》晚报的新闻。

抗战胜利后的中国该怎样发展?舆论纷纷。1946 年 1 月,中国政治协商会议在重庆召开,各党派都有代表参加,这是事关大局和中国前途命运的大事,报道这次会议当然是各报社的头等大事。主持《新民报》晚报新闻的陈翰伯与记者浦熙修配合,缜密策划了报道方案,即由浦熙修把参会各方代表都访问一遍,在晚刊发稿。他们拟定的采访对象有国民党的张治中、邵力子;共产党的周恩来、董必武、王若飞、叶剑英(后由秦邦宪代替)、陆定一、吴玉章、邓颖超;民主同盟的沈钧儒、张澜、梁漱溟、罗隆基、章伯钧;还有社会贤达郭沫若、胡霖和王云五等。浦熙修一个一个采访,陈翰伯在《新民报》晚刊头版每天刊登一个人物记。每篇不长的访问记,都客观反映被访者对时局的看法和对前途的主张,人物形象既深刻又含蓄。这一方案既顺利表达报纸的客观中立立场,也便于应对政府的新闻检查。报道很受读者欢迎,《新民报》的销路自然也很好,可谓皆大欢喜。

从 1945 年 9 月到次年 3 月,陈翰伯在《新民报》工作约半年时间,有顺利的时候,但也有很多不快的时候,还常有职位不保的危机感。不愉快和危机感主要源自他和《新民报》政治立场及新闻态度的差别,这些含蓄地表现在他的回忆的字里行间。他说:

> 我大概是 9 月去上班的,上班不久国共双方的《双十协定》就签字了。《双十协定》签字以后,政治空气比较活跃,所以我在《新民报》可以待得住。大体上是这样,在读者欢迎进步新闻时,我的座位就比较稳当一点,而陈铭德受到压力时,我的椅子就坐不稳,对我的干涉就多一些。

……

形势一不好，我的座位就不稳。陈铭德有一天把我找去，对我讲了一句发自肺腑的话："你要可怜可怜我这点事业。"我在《新民报》的几个月，跟陈铭德就谈过这么一次话，他说的话我是理解的，他害怕国民党封他的报。事情也蛮有趣，代表国民党直接对陈铭德施加压力的，正是他的内弟邓友德。邓友德是国民党中央宣传部新闻处处长，正好是管报纸的。[1]

陈翰伯在《新民报》的处境及与老板陈铭德的关系，从《新民报》老同事陈理源[2]的信中可得到印证，但两人的理解有所不同。《新闻研究资料》1991年曾刊登陈理源《一封未寄出的信——对陈翰伯同志回忆录的几点订正》，信中说：

翰伯同志，你在重庆《新民报》期间，做了许多工作，成绩卓著，但在当时极为复杂的历史情况下，和报社一部分同志之间有某些矛盾（其中有思想认识上的分歧，也有编辑技巧上不尽相同的问题），和陈铭德相处上也因此逐渐产生隔阂，在1945年11月份的一次部分成员会议上，他提出调你做资料室主任，不再主持晚报编务，我和浦熙修、程代勋都表示反对，你也深感不

---

[1]　陈翰伯口述，高崧、胡邦秀整理：《在白区新闻战线上（续）（1942—1946）》，载《新闻研究资料》1987年第4期。

[2]　陈理源是陈翰伯在《新民报》时的同事，一生主要供职于《新民报》，曾任重庆《新民报》总编辑，上海《新民报》副总编辑。1982年，将有关《新民报》的史料汇编成《新民报春秋》，由重庆出版社出版。

快，故停止此议。以后，你提出辞职，他未挽留，不欢而散。①

　　陈理源认为导致陈翰伯与陈铭德之间隔阂的原因，既有思想认识上的分歧，也有编辑技巧上的不尽相同，这种看法基本中肯。但有一点陈理源没有道明，即陈铭德是私人办报，担心陈翰伯的言论得罪当局，担心自己的报纸被封自然在情理之中，这也是不应忽略的事实。

　　这封信本来是写给陈翰伯的，后来公开发表了，陈理源在发表前言中说：

　　　这封信，最初写于 1988 年 3 月，因我手边的有关史料不足，需到图书馆核对，继因生病和他事牵扰，以致拖延多时，直到 8 月份才根据所得当时报纸史料，核对清楚，作了一些必要的补充改写。不料正欲付邮之际，惊闻翰伯同志不幸逝世，此信也就搁置下来了。②

　　1991 年，陈理源因病住院，感觉应对这封信有所交代，便将信和有关报纸资料分寄《新闻研究资料》和《人物》两刊。信中，陈理源指出陈翰伯"谈谈《新民报》"的回忆有较多差误。其中他指出的差误值得一提的是涉及重庆两大重要新闻事件的报道细节：

　　① 陈理源：《一封未寄出的信——对陈翰伯同志回忆录的几点订正》，载《新闻研究资料》1991 年第 3 期。
　　② 陈理源：《一封未寄出的信——对陈翰伯同志回忆录的几点订正》，载《新闻研究资料》1991 年第 3 期。

一是关于八路军办事处秘书李少石遇害①的版面安排和标题，陈翰伯口述中说是登在《新民报》晚刊的头条，陈理源查证是登在第二条。陈翰伯口述中说标题是《墨迹未干，特务行凶》，而陈理源查证是《各界震惊 李少石被刺 孙夫人痛哭失声 军警当局通宵未眠》。

二是关于《新民报》晚刊对"较场口事件"②的报道和版面安排，晚刊与日刊对此事件报道的立场观点是否相互矛盾问题。陈翰伯口述中说浦熙修采写的"较场口事件"登在晚刊头版整整一版还不够，陈理源查证只占头版的四分之一弱，但采写者署名不是浦熙修。陈翰伯口述中说晚报和日报的报道不一致，而陈理源查证日报和晚报之间，从内容到版面安排，以及标题等等，立场、态度都是一致的，只是由于晚报和日报的时间差，日报刊登了当局的有关通知。

上述陈理源对陈翰伯回忆差误的指正，基本都是《新民报》报道细节问题，在历史事件大的线索方面两人并无不同。陈翰伯作为一名隐蔽的中共党员，在《时事新报》、《新民报》这样的私营报馆编稿、发稿，其新闻立场、政治观点难免与报馆利益发生冲突。为了在报纸上表达自己的观点，又不引起冲突，他在编稿、发稿时常常反复斟酌，但有时还是难以避免引起一些矛盾，也就是陈理源说的"和报社一部分同志之间有某些矛盾"。陈翰伯曾经说过：

我干的都是编辑工作，不外写稿和发稿，心思都用在字里行

---

① 李少石（1906—1945），广东人。1926 年参加中国共产党。1943 年春，在八路军驻渝办事处任周恩来的英文秘书。1945 年 10 月 8 日遇难。

② 1946 年 2 月 10 日，为庆祝抗战胜利后政治协商会议的成功召开，政协陪都各界协进会等十九个团体组织，在重庆较场口举行庆祝大会，结果李公朴、施复亮、郭沫若、陶行知、章乃器、马寅初等和新闻记者许多人被特务打伤。海内外为之震惊。

间。从新闻业务上说，我喜欢配合新闻报道，搞一点资料，一是给读者以知识，帮助读者了解时事的发展过程和趋势；一是在新闻资料里，可以做文章，多少反映我们的立场和观点。写社论，比处理新闻稿要困难得多，有时不得不采取"伊索寓言"式的笔法，我利用这个位子，尽可能发表一点进步言论，这就是我所能起的作用。为了斗争的需要，有时也要写一点和国民党短兵相接的东西，这要看时机，看火候，充分利用这些报纸的独特地位，登出来，既不会暴露自己，也不会使报纸为难。①

一般来说，回忆和口述历史难免错误，可贵的是陈翰伯对此早就有清醒的认识和谦虚谨慎的态度。早在 1980 年，时任国家出版局代局长的陈翰伯，在向人民出版社提交一二·九回忆文章《巨浪，巨浪，不断地增长！》时附言道：

> 我不是历史学家，我只能为历史学家提供一点片段史料。有些事实我不知道；有些虽然的确是亲身经历，但一人所见，毕竟有限，加之事隔四十五年，总难免有记忆错误的地方。不同的同志提供的同一事实，也可能互有出入。把这考订史实的责任留给历史学家吧。②

陈翰伯对回忆录客观真实度的慎重态度、陈理源对陈翰伯口述不

① 高崧：《青春办报　皓首出书——纪念陈翰伯从事新闻出版工作五十周年》，载《报人出版家陈翰伯》，人民日报出版社 1990 年版，第 56 页。该文写于 1986 年 11 月。

② 高崧、胡邦秀编：《报人出版家陈翰伯》，人民日报出版社 1990 年版，第 116 页。

辞劳苦的"较真儿",反映了老一辈知识分子、新闻出版工作者对历史的尊重,留给后人的是他们坦荡为人、求真求实的精神财富,这对于当今的学术界、新闻界来说弥足珍贵。

抗战时作为陪都的重庆经济环境恶劣,由于日军的狂轰滥炸和战争的巨大消耗,重庆的生活条件、办公条件都很艰苦。尤其到了抗战中后期,通货膨胀严重,情况越来越糟。陈翰伯在重庆三年间,频繁调换工作,常常兼职,既有政治分歧及人际关系的原因,也与生活窘迫不无关系。对于重庆的生活,陈延琳虽然年幼却仍有记忆,她也常听外婆和母亲谈起,她说:

> 1942年夏天母亲接我到重庆,下了长途汽车就给父亲打公用电话,可见父亲已经在重庆。不久外婆和龚德湘舅舅也搬到重庆,在"枣子岚垭"安家。我们家住在山坡上,一排排茅草房当中的一排,面朝山坡,背朝山下,房门外是窄窄的土路,土路外是污水沟。那几年生活很苦,吃的差,下大雨屋漏,用几个脸盆接水,日本飞机差不多天天轰炸,我们就要"跑警报",跑到政府指定的防空洞里,等解除警报的汽笛响了,才可以回家。父亲在报馆工作,常常上夜班,白天回家睡觉,很辛苦。我母亲在苏联大使馆教苏联外交官说英语,还教过中学。

作为陪都的重庆虽然生活艰苦,但大批的知识精英聚集在这里,文化生活还是很丰富的。对陈翰伯夫妇来说,即使茅屋采椽,家里还是要有书的。陈延琳记得上海家里的土黄粗纸印刷的绥拉菲莫维支的《铁流》、肖洛霍夫四卷本《静静的顿河》等,就是从重庆带来的。简陋的家里有时高朋满座，他们谈论时局，也谈论文学。当时，优秀的导演、演员都在重庆，演过不少话剧，陈翰伯夫妇带着孩子走很远的路，去看过托尔斯泰的《复活》、描写农民起义的《草莽英雄》、王元化写的《清宫外史》等话剧。年轻的陈翰伯平时在外面工作，每个周末渡江回家与家人团聚，这是最轻松最快乐的时刻。他有副好嗓音，爬上江边的斜坡，穿过芳香的橘林，他常常唱起最喜欢的苏联歌曲："同志们向太阳向自由，向着那光明的路！你看那黑暗已消灭，万丈光芒在前头……"

三、上海《联合晚报》的总编辑

1945 年 8 月 15 日，日本宣布无条件投降，中国抗战终于胜利。几年前由于日军进攻而迁到四川的政府机构、工商企业、学校、报社等纷纷准备迁回南京、上海等地。陈翰伯先安排家属迁到上海，陈延琳说：

> 1945 年 12 月，母亲、外婆带着我和三个多月的弟弟，乘长途汽车经过贵阳、长沙到汉口，然后换乘轮船到南京，再换乘火车到上海，历时 17 天，极其艰苦。幸有父母的好友刘尊棋[①]伯伯替我们找到住处：虹口四川北路丰乐里。过不太久，父亲也到了上海。然后就按照中共驻南京办事处周副主席的指示，办一张民

---

① 刘尊棋，1928 年中专毕业后，进入燕京大学政治系任秘书，同时旁听燕京大学课程。1931 年，加入中国共产党。1981 年 6 月任英文《中国日报》总编辑。

间面目的报纸——《联合晚报》。……期间我母亲在南洋女中教数学、英文。

父亲到上海不久，刘尊棋伯伯靠他在美国新闻处工作（那时美国是盟国，很牛气），帮我家租到虹口狄斯威路（现名溧阳路）611号，英国式花园洋房，房子很好，有花园，我家住一层，楼上是国民党军官的太太和两个小孩，我们两家互不来往，这军官有时回家，对我父母反倒起一点掩护作用。（此房屋的设计是一家一栋楼）

其实，从重庆迁到上海是陈翰伯与刘尊棋共同商议的。根据刘尊棋回忆，抗战胜利后，他们都在思考如何对待今后的局势，他找到陈翰伯，商量出版社今后怎样发展。他们都同意首先将社址迁移到上海，刘尊棋争取先去上海。然后再在北平设分社。当时他们创建中外出版社已两年多，出版翻译和编译的书二三十种，另外还创办《文汇周报》。当时编著者待遇都很低，所有收入除支付纸张和印刷费外，就是房租和孙伏园、陈翰伯、莫志恒等几个人的生活费，多余的钱都设法换成美元，由刘尊棋带到上海。他们希望依靠这点资金和抗战中在重庆出版的几本好销书的纸型翻版，在上海以"民间"面目大力发展出版事业。周恩来的意见是中外出版社可以在上海设总社，但他指出"影响大还是日报"，[①]于是刘尊棋便打着美国新闻处的旗号创刊《联合日报》。

陈翰伯于1946年3月15日乘飞机到达上海，一票难求的飞机

---

① 刘尊棋：《和恩来同志的几次接触》，见 http://www.people.com.cn/GB/shi-zheng/252/7619/7647/2541188.html。

票是《新民报》的"礼送"。在重庆的时候,陈翰伯的上级是潘梓年,其组织关系一向由潘梓年管。抗战胜利后,潘梓年为筹备《新华日报》上海版先到了上海,所以陈翰伯到达上海很快就和潘梓年接上了关系。陈翰伯了解到中共创办《新华日报》上海版的申请登记迟迟得不到政府批复,而中共在上海这样的国际大都市抢占舆论阵地又迫在眉睫。于是以周恩来为首的中共代表团决定:既然《新华日报》出不了,不如先办一份以非党面目出现的民间报纸,《联合晚报》应运而生。

1. "灰色"报纸

《联合晚报》的前身是《联合日报》。《联合日报》本是刘尊棋、陈翰伯等以美国新闻处的旗号创设的报纸,但没有持续几个月,1946年1月就停刊了。于是中共代表团巧借《联合日报》的登记证,由潘梓年出面,姚溱、梅益陪同,约陈翰伯讨论办报事宜,合法办起了《联合晚报》。之所以将日报改为晚报,陈翰伯说:

当时上海的日报很多,我们如果再出一份日报,要通过竞争打开局面比较困难。晚报却不多,除《新民晚报》之外其余几家晚报的销路不好。我们在晚报这个阵地上,可以有所作为。于是决定出版《联合晚报》。我们成立了社务委员会,委员有金仲华、刘尊棋、王纪华、陈翰伯、郑森禹、冯宾符和陆诒七人。社务委员会主任是金仲华,我任总编辑,掌管发新闻,冯宾符管言论,王纪华任经理，陆诒任采访部主任，郑森禹管各种副刊。[①]

《联合晚报》虽然沿用了美国出版机构《联合日报》的牌子，但实际上是一张由中共驻南京代表团领导的报纸，筹办经费由中共办事处出，[②] 还联合了上海进步的工商界人士和文化界人士，请他们投资，共同来办这张报纸。报馆当时建立了一个党支部，陈翰伯被指定为支部书记，负责与地下上级党组织联系。金仲华、王纪华二人负责对外，参加社会上的活动。馆内还有一些党员，但互相没有组织联系，他们各有所属，有的属青年方面的，有的属工人方面的。一层一层责任分明、互不往来。[③]

关于《联合晚报》内部的党员，曾是《联合晚报》年轻记者的姚芳藻写道：

> 总编辑陈翰伯、总主笔冯宾符和总经理王纪华，都是地下党。工作人员中还有不少地下党员。他们之中，有的是以报纸为掩护，如蒋经逸，每天默默地坐在社里，干些不起眼的资料工作，很少与人对话，实际上他正指挥着上海轰轰烈烈的学生运

---

① 陈翰伯：《在白区新闻战线上（1936—1949）》，载于《陈翰伯文集》，商务印书馆2000年版，第457—464页。曾为《联合晚报》记者的姚芳藻的回忆基本相同，参见姚芳藻《在敌人心脏区办报——陈翰伯在联合晚报》，载高崧、胡邦秀编：《报人出版家陈翰伯》，人民日报出版社1990年版，第20—29页。

② 姚芳藻：《〈联合晚报〉的故事》，《文汇报》2009年10月27日。

③ 参见陈翰伯：《在白区新闻战线上（1936—1949）》，载《陈翰伯文集》，商务印书馆2000年版。

动，他就是后来党和国家的领导人乔石。①

《联合晚报》虽然由中共出资，中共党员办报，但却是以无党派面目出现的民间报纸。周恩来曾指示：报纸要尽可能灰色，要争取长期出版下去。报纸不要红得发紫，别让人家封了门，要尽可能争取办得时间长一点。版面上的事，由陈翰伯负责。这种信任，给了陈翰伯强烈的使命感。

上海延安东路 172 号的一座临街小楼，是《联合晚报》的社址。②这座小楼留下了陈翰伯和他的同事们紧张、忙碌的工作足迹，这是陈翰伯报人生涯最辉煌的地方。在这里，陈翰伯的新闻理念、办报才干得到了最大限度的发挥。

按周恩来的意见，《联合晚报》要尽可能灰色。什么是灰色？如果说红色代表共产党，白色代表国民党，灰色应该是指非共产党也非国民党的自由民主派。就报纸来讲，当时的《文汇报》、《新民晚报》等都是灰色的。灰色报刊追求自由民主，反对专制独裁；要求和平，反对内战。以民间报纸面目出现的《联合晚报》，给了陈翰伯表达新闻理念的空间。他在社评《我们的信念》里，写道：

我们一心想当民间的喉舌，报道真实的新闻，诉说人民的痛苦。我们要求停止内战，我们要求民主自由。我们认为内战不停

---

① 姚芳藻：《〈联合晚报〉的故事》，《文汇报》2009 年 10 月 27 日。乔石原名蒋志彤，1940 年 16 岁时加入中国共产党。乔石在《联合晚报》前后，曾任上海地下党学委中学区委组织委员、中学分委副书记兼组织委员。

② 袁鹰：《上海延安东路一座小楼上》，《中华读书报》2014 年 10 月 15 日 "怀念陈翰伯专刊"。

止，民主自由不实现，人民的痛苦就永难解除，中国就没有前途。我们将永远这样说，直到内战停止，民主自由完全实现的时候；我们将永远这样说，直到我们的口被塞住，笔被夺下，不许我们这样说的时候。[1]

2. 独家新闻、独到见解

《联合晚报》既以民间报纸的面目出现，就要追求销路，而要有销路，内容无疑是十分重要的。陈翰伯重点负责新闻版面，不久由于采访部主任陆诒退出，就连采访部一起负责。《联合晚报》在南京和北平设有记者站，力求国内的重大事件都有自己的新闻。陈翰伯还力求有报纸独家新闻，独家见解，为此煞费苦心。就《联合晚报》独家新闻而言，最引人注目的是各地专电，这些专电都由陈翰伯亲力亲为，姚芳藻说：

> 毫无疑问，我们报纸最最精彩的要数各地专电了。南京专电报道国家大事，常有独得新闻；北京专电对沈崇案件的报道比各报都快而且细；至于四平专电、徐州专电，报道在那儿燃起的内战烽火，更是大家所关心的。1947年5月中旬，正当官方报纸大肆宣扬孟良崮战役辉煌胜利的时候，我们的专电却宣告国民党王牌军张灵甫的七十四师全军覆灭，预示全国解放指日可待，全国大为震动。这个记者真了不起，我很想知道他是谁，他是怎样

---

[1] 姚芳藻：《在敌人心脏区办报——陈翰伯在联合晚报》，载高崧、胡邦秀编：《报人出版家陈翰伯》，人民日报出版社1990年版，第20—29页。

抢先得到这个绝密消息的，我问总编辑，他笑而不答，王顾左右而言他。

我知道我报南京有三个特派记者，他们每天中午必来长途电话。接电话的必定是总编辑自己。记录消息，了解情况，指示工作，电话一打就是一个钟头。大约电话声音很轻，陈翰伯总是哇啦哇啦直叫，弄得精疲力尽，这种记录消息的事，完全可以请人代劳，而他决不。

我知道报社在北京也有一个特约记者。至于四平、徐州、孟良崮等地，我从未听说有什么战地记者。有一次上排字房改稿，才发现一个秘密，原来那些所谓战地专电，都是陈翰伯坐在办公室里写的。他不是千里眼、顺风耳，他是怎么知道的呢？

几年后，这位出版事业局代局长才向我揭开秘密。他说：这都是新华社、延安电台的消息，由中共办事处供给他的。"当年周总理和我约定，由我派一位绝对可靠的同志，每天在一个固定的时间，到一家固定的银行，从一个固定的地方取来的，我按照这些材料，再参考中外通讯社包括中央社的消息改写而成。"

这位总编辑实在太忙了，报社里编辑中有那么多党员，为什么不动用他们呢？他说："我又不知道谁是党员，即使知道，我也不能暴露自己的政治身份，所以只能自己偷偷地干。"[1]

对于社会新闻，陈翰伯追求独到见解。1946年，上海发生过一

---

[1]　姚芳藻：《〈联合晚报〉的故事》，《文汇报》2009年10月27日。另参见姚芳藻：《在敌人心脏区办报——陈翰伯在联合晚报》，载高崧、胡邦秀编：《报人出版家陈翰伯》，人民日报出版社1990年版。两文略同，前者篇幅长，细节多。

次中国历史上从未有过的舞女罢工，起因是国民党对舞场加征娱乐税，直接影响到舞女的收入和生活。对此，有些报纸大力渲染舞女的私生活以博取眼球。《联合晚报》没有跟风，而是派记者进行多次采访，以严肃的、同情的态度报道了舞女生活之不易。最后舞女们的斗争取得了胜利。《联合晚报》在新闻报道中的独到及鲜明的态度，使其影响与日俱增，陈翰伯说，《联合晚报》很快就在晚报中名列前茅，甚至比著名的《新民晚报》的销路还多些。

3."隐蔽"报道

在追求新闻报道态度鲜明、独到的同时，陈翰伯也非常注意隐蔽性，这一方面是为了报纸的安全，另一方面也是为了同事们的安全。十余年在报界的摸爬滚打，让他积累了丰富的办报经验，也养成了冷静处事的稳健作风，表现出心思缜密、行事谨慎的特点。他对同事高崧回忆《联合晚报》时诙谐地说：

> 除了对外时时警惕国民党的捣乱，还要"对付"自己身边的年轻人，他们写的稿子都要骂几句国民党，不大讲究斗争策略，我删了他们的稿，他们就向我"抗议"，这真是两条战线的斗争啊！[1]

姚芳藻就是当年向陈翰伯提抗议的年轻记者。她进入《联合晚报》

---

[1] 高崧：《青春办报　皓首出书——纪念陈翰伯从事新闻出版工作五十周年》，载《报人出版家陈翰伯》，人民日报出版社 1990 年版，第 51—68 页。该文写于 1986 年 11 月。

后，分配到的任务是采访市政新闻，这意味着她要和市府各局的官员打交道。最开始采访小科长，然后处长、局长，最后就直接采访上海市长吴国桢①了。吴国桢是留美博士，深得蒋介石器重。那时他刚任上海市长，在记者招待会上宣扬美国民主，认为中国应该急起直追。他还邀请记者上他家去玩。姚芳藻要求每月采访他一次，他总是单独接见。姚芳藻常提一些令人头痛的问题，如米价飞涨如何解决等等，而他总是笑眯眯地答得十分圆满。因为上海米价持续飞涨，根本控制不了，姚芳藻采访完写新闻的时候，总是在后面加上一句讽刺性的或泼冷水的话，并为此洋洋得意。可是报纸出来后，姚芳藻就会发现让她颇为得意的最后的话找不到了。她实在想不通，就问总编辑为什么要删掉，陈翰伯的回答是："用事实说话，让《文汇报》站在第一线，我们站在第二线。"②

删去得意的句子还不算，最让姚芳藻想不通的是删掉记者的名字，有的文章写得非常精彩，总编辑也不给署名。姚芳藻说：

> 譬如我写的那篇关于警管区制的访问记吧，绝对是第一流的。所谓警管区制，就是警员可以随时随地进入居民家中，加强对居民的管制。很快又传出许多小道消息：对老百姓将要立卡管理，卡分红白蓝三种，红代表共产党员、民主人士，上了红卡，就危险了；警员中已混入了中统、军统特务……陈翰伯说："实行

---

① 吴国桢，清华大学毕业后赴美留学，获普林斯顿大学哲学博士学位。曾任蒋介石侍从室秘书、重庆市市长、外交部政务次长、国民党中央宣传部部长、上海市市长等要职。1953年远赴美国。

② 姚芳藻：《〈联合晚报〉的故事》，《文汇报》2009年10月27日。

警管区制，就是打内战的信号。"

文汇、新民、联晚三报天天发表民主人士反对警管区制的发言，讲来讲去都是这几句，看得都叫人厌烦了。我独辟蹊径，访问警管区制最高执行官——市警察局局长、淞沪警备司令宣铁吾，用他自己的话来揭露警管区制的真相。

我先提一些可以冠冕堂皇答复的问题，并对他的答复仔细记录，表示我十分重视。当他夸夸其谈不存戒心时，我开始提我想探知的警管区制实质性的问题，他非常直爽地回答我："警员秘密调查当然实行"，"立卡红白蓝看起来可便当一点"，"警员中是有一些军统、中统的人"……而这时我故意不做记录，仿佛我只是随便问问，根本不会报道似的。

宣铁吾访谈录发表，大为轰动，我亲耳听见一些新闻界朋友说："《联合晚报》的警管区制报道，真是好！"但是，没有人知道这是我写的，因为名字又被总编辑删掉了。①

为什么要删掉记者名字？直到 1947 年 5 月下旬《联合晚报》与《文汇报》、《新民晚报》同时被封，姚芳藻被捕，她才明白陈翰伯的良苦用心。当时执行人员拿出两张剪报，作为罪证摆在她的面前，她一看，矢口否认是自己写的，因为报纸上并没有她的名字，出版前就被总编辑删掉了。

还有一位年轻女记者向陈翰伯抗议过，姚芳藻说：

---

① 姚芳藻：《〈联合晚报〉的故事》，《文汇报》2009 年 10 月 27 日。

　　文教记者翁郁文与陈翰伯大吵过一场，不过不是为了署名。这天上午在"反饥饿反内战"大游行中，一个学生被捕了，学联为了营救，决定下午四时在玉佛寺召开大会抗议政府暴行。但时已中午，来不及发通知，因此要求翁郁文在《联合晚报》上发一则召开会议的消息，让学生们闻讯而去。小翁当然慷慨答应，哪里想到这么重要的消息，却被总编辑丢在字纸篓里。小翁据理力争，磨破了嘴皮，最后痛哭流涕，仍旧感动不了陈翰伯的心。当然，这事与那位正在剪资料的学联领导人① 有关，但他默不作声，决不暴露身份。

　　在工作结束，出报以后，总编辑才走到翁郁文身边，悄悄对她说："消息发了，学生看到，固然会去，而警察呢，不也会去吗？特务也会去，红色警备车也会去。已经一个学生被捕了，我们不能让更多学生被捕。"小翁这才有点明白过来。②

　　陈翰伯写稿发稿，常常把立场、观点隐藏在字里行间。1946年4月18日，《联合晚报》刊登一篇题为《重庆的社论战》的文章，介绍了蒋介石于4月1日在参政会上作报告后，8日重庆《新华日报》转载延安《解放日报》社论《驳蒋介石》，接着，重庆的国民党各报纷纷发表社论围攻《新华日报》的情况。这篇文章表面上是在谈国民党报刊攻击《新华日报》，而实际上却巧妙地透露了延安《解放日报》

---

　　① 指乔石。
　　② 姚芳藻：《〈联合晚报〉的故事》，《文汇报》2009年10月27日。另见姚芳藻：《在敌人的心脏地区办报——陈翰伯在〈联合晚报〉办报》，载《新观察》1984年第11期。两文对此事的描述略有不同。

那篇社论的要点。[1]

4. 副刊与漫画

一份报纸缺不了副刊，新闻报道之外，内容丰富多彩的副刊往往能吸引众多读者。《联合晚报》的副刊办得有声有色，花样翻新，先后开辟过金仲华主编的《今日与明日》，郑森禹主编的《经济周刊》，郑振铎主编的《文学周刊》，冯亦代、王元化等主编的《夕拾》等副刊或专刊，受到读者的欢迎。副刊内容各式各样，有介绍上海风俗民情的《老上海》，有事关人们健康的《医药卫生》，有每日股票行市，还有象棋棋谱等，这些都对部分读者产生了吸引力。

陈翰伯和姚芳藻的回忆都提到，副刊一篇文章曾引起一段纠纷，被报社灵活化解。1946 年 9 月，上海发生一起美国兵悍强打死三轮车工人臧大咬子的事件。法院开庭审理这个案子时，法庭上一位翻译官袒护美国兵。《联合晚报》的记者出庭旁听，对此很气愤，回来后反映了情况，副刊编辑王元化[2]就用"馆园"的笔名，在报上写了一篇杂文，讽刺这位翻译官是"奴隶总管"。文章见报后，那位翻译官到报社强硬交涉，要报馆交代作者的真实姓名、住址，被报社拒绝。那位翻译官就以诽谤罪将《联合晚报》告上法庭。法院受理后，两次下传票传总编辑陈翰伯和社长王纪华到庭，他们都置之不理。按当时的法律，三传不到就要发拘票拘人了。开始陈翰伯头脑并不冷

---

① 郑森禹、杨学纯：《把一生奉献给新闻传播事业》，载高崧、胡邦秀编：《报人出版家陈翰伯》，人民日报出版社 1990 年版，第 16 页。

② 王元化，1936 年加入中国共产党，1946 年曾主编《联合晚报》副刊《夕拾》。

静，想出庭抗诉，后来王纪华打听出这位翻译官只是个刚刚毕业的大学生，他们商量之后觉得为这件事对簿公堂，既不值得，也对报社不利，万一法院查问报纸的来历，抓到一点什么东西，就会因小失大。于是，他们决定用私了的办法解决这桩官司，为此请了上海《新闻报》一位有几十年资历、人脉广泛的老记者出面，几经斡旋，商定在当时上海的一家大舞厅——四姊妹咖啡馆宴请相关人员，那位年轻翻译官也被请来。大家事先讲好，酒席上往事一字不提。酒过三巡，大家吃得很热闹，吃完又跳舞，那位翻译官兴致很高。几天以后，他果然从法院撤回了诉状。①

《联合晚报》上还常刊登漫画。漫画家王乐天回忆，1946 年发生"六·二三"南京下关惨案，马叙伦和雷洁琼等代表上海人民到南京请愿呼吁和平，被国民党特务殴打受伤。王乐天为此画了一幅揭露国民党当局镇压爱国民主运动的漫画《吊今战场》，发表在《联合晚报》上。《吊今战场》的名字自然让人联想到唐人李华写的《吊古战场》，文章以凭吊古战场起兴，中心思想是主张实行王道，以仁德礼义悦服远人。文章描写了战争的惨烈：战争使将士"万里奔走，连年暴露"、"地阔天长，不知归路"、"无贵无贱，同为枯骨"；战争给亲人家庭带来痛苦，"苍苍蒸民，谁无父母？提携捧负，畏其不寿。谁无兄弟？如足如手。谁无夫妇？如宾如友。生也何恩，杀之何咎？其存其没，家莫闻知。"王乐天和《联合晚报》用漫画借古讽今，表达要和平、反内战的思想。

---

① 陈翰伯的口述《在白区新闻战线上（1936—1949）》、姚芳藻的《在敌人的心脏地区办报——陈翰伯在〈联合晚报〉办报》、高崧的《青春办报 皓首出书——纪念陈翰伯从事新闻出版工作五十周年》三文细节描述有所不同。

王乐天还记得陈翰伯在《联合晚报》上发表了他的一幅政治讽刺漫画，漫画的名字叫《高矮终是"平等"的》，借以讽刺蒋介石的"新二十一条"①，当时他采用了"石城"的笔名。

新中国成立后，王乐天任职《光明日报》，请求《联合晚报》总编辑陈翰伯、《新民晚报》总编辑赵超构为他作证明，陈翰伯写给《光明日报》社的证明信中说：

> 这是我给贵报王乐天同志的证明。1946—1948 年，②我在上海主持《联合晚报》工作，担任总编辑之职。该报是中共中央代表团与上海进步的文化界和工商界办的一份进步报纸。当时王乐天同志投递很多漫画稿，该报采用很多，其作品内容都是打击国民党，揭露人民生活困苦和要求民主的。这些画颇受读者欢迎。他用了很多笔名，我记不住了，问王乐天同志本人便知。③

不过，陈翰伯选用政治讽刺漫画也很慎重，有一次，副刊上选登了一幅丑化宋美龄的漫画，已经浇好版，就要开印，临到签大样时，还是被他抽了下来。④

---

　　① 国共内战爆发后，国民党为了在内战中取得美国更多的援助，于 1946 年 11 月 4 日，由外交部部长王世杰与美国驻华大使司徒雷登在南京签署《中美友好通商航海条约》。当时的媒体称此条约为"新二十一条"。

　　② 应是 1946—1947 年。

　　③ 王乐天：《我与赵超构、陈翰伯的交往》，载《纵横》1996 年第 1 期。

　　④ 高崧：《青春办报　皓首出书——纪念陈翰伯从事新闻出版工作五十周年》，载《报人出版家陈翰伯》，人民日报出版社 1990 年版，第 56 页。

5. 报纸被禁

抗战后的上海，物资匮缺，各种商品特别是与民生息息相关的日用消费品价格不断上涨，造成民心浮动。国民党上海市政府专门成立了物价评议委员会，希望抑平物价，安定民心。可是物价评议委员会先后制定的一系列措施，几乎变成一纸空文，并没有起到平抑物价的作用。

更为严重的是，抗战胜利后的国共谈判、政治协商会议，没有让中国如愿走向和平。尽管反内战、要和平的呼声很高，可各党派在一些事关国家和平发展的根本问题上无法达成共识，社会分裂严重。工人罢工、学生罢课等活动此起彼伏。国共之间摩擦不断，内战一触即发。再加上政府内部官员腐败严重，国民政府处在风雨飘摇之中。

到 1947 年，通货膨胀愈发严重，上海米价一日数涨，没有多久，就涨到每石法币 100 万元。米价飞涨是事关市民生活的大事，报纸自然不能不报，陈翰伯说：

> 《联合晚报》曾在一版头条以《米价突破百万大关》为题作了突出报道。第二天，上海市长吴国桢就把各报纸负责人找到国际饭店，举行招待会。《联合晚报》是我去的。会上吴国桢大骂《联合晚报》造谣，他说："我昨天打电话查问过米价，最高才到 95 万，没有到 100 万。《联合晚报》是唯恐天下不乱。"吴国桢还气势汹汹地说："你们要是不愿意在上海待着，可以回延安嘛。你们没有旅费，我吴国桢给你们掏！"这一点很厉害，这无异以市长身份摊牌，《联合晚报》造谣，是共产党干的！他还责令《联

合晚报》要在报上公开更正。我们的态度很坚定，根本不理他那一套，继续报道米价上涨的消息。其实，当吴国桢回到办公室时，米价就已突破 120 万元了。[①]

1947 年春节后，上海形势更紧张了，学生运动、工人运动高潮迭起。五一劳动节时，《联合晚报》办了三天特刊，登载了上海许多读者的来稿，有些谈痛苦的生活，有些揭露国民党专制暴政。但事后他们感觉到出专刊文章过于集中，刺激性太强，如分散登载可能会更好些。

《联合晚报》的言论果然刺激了当局，总编辑陈翰伯和社长王纪华分别收到署名"国魂特务团驻沪办公室"的恐吓信，信中说"查贵报近来态度大变，论调强硬，完全受了中共和少数民盟分子利用，对国民党一切施政大权肆意攻击，极尽诋毁之能事，目无法纪，谋乱造反。本团职责所在，奉命扫荡叛逆，不容坐视。为此先函警告，如执迷不悟，不变更论调，本团当以最严厉之手段对付，或将对李（公朴）闻（一多）同样处置也未可知。尚有贵报一切机器生财设备，亦当玉石俱焚全部消灭，无论戒备森严，本团亦可按序实施，勿谓言之不预也！"

在局势危急的时候，陈翰伯出入都很警惕，陈延琳说，新中国成立后父母告诉她，在上海的时候，父亲回家先到从不打开的花园大门，看到家里窗台有没有放一盆花，如果没放，就绕到经常走的后门回家。有特别可疑的情况，除了窗台放一盆花，母亲还在回家

---

① 陈翰伯口述，高崧、胡邦秀整理：《在白区新闻战线上（1936—1949）》，载《陈翰伯文集》，商务印书馆 2000 年版，第 461 页。

路口第一根电线杆贴上一张纸，写着"天皇皇，地黄黄，我家有个夜哭郎"，纸条是倒着贴的，父亲如果看到这样的纸条就躲到朋友家去。

5月中旬，全国的学生运动进入高潮，几乎天天有游行，天天有人被捕，《联合晚报》的记者四处奔走，采访学生，写专题报道。驻北平、南京记者为了使消息及时见报，用长途电话把文章传到报社。南京"五二〇"学生运动之后，《联合晚报》社务委员会开了一个会，由金仲华主持，分析形势，研究对策，决定采取一些稳妥的隐蔽办法，不要太刺激国民党，他们感到暴风雨就要来了。

风雨飘摇中的国民政府不得不加强对言论自由的控制。5月24日，警察闯进了报馆，声言"明天不准出报了"。当时陈翰伯正在楼上，急忙拿出账本和算盘，装作在算账的样子。警察很快就走了，并没有留下人看守。他们很快就打听到《文汇报》和《新民晚报》也同样被宣布封门。不久，三家报纸的五名记者被捕，其中《联合晚报》有姚芳藻等三人。

从1946年4月创刊到1947年5月被国民政府查封，《联合晚报》在短短十三个月中办得有声有色，可以和著名的大报《新民晚报》同受欢迎，总编辑当然功不可没。陈翰伯去世后，提起总编辑，当年年轻的编辑记者仍充满敬佩。《人民日报》前文艺部主任、曾任《联合晚报》副刊《夕拾》编辑的袁鹰说：

> 总编辑的胆识、睿智和才华，原则性和灵活性巧妙结合的战斗艺术，待人热情，处事认真，那言传身教的力量，潜移默化的影响，对我这样一个踏进新闻界不久的年轻编辑，直到四十年后

的今天，也是铭记不忘的。①

　　陈翰伯本来幻想《联合晚报》过一段时间还能复刊，可是一个月后，上海地下党成员姚溱带来延安指示，《联合晚报》已完成历史任务，做好善后处理，关门大吉。三家被关闭的报馆中，《文汇报》后来转移到香港复刊，《新民晚报》不久在上海复刊，而《联合晚报》永远退出了历史舞台。当时国共谈判已完全破裂，中共谈判代表团早在 1947 年 3 月就从南京撤回延安，国共力量对比正在悄然变化之中，内战大幕已经拉开，谁也阻挡不了。红白分明，灰色的《联合晚报》已无须存在，陈翰伯的报人生涯也接近了尾声。

---

　　① 　袁鹰：《上海延安东路一座小楼上》，《中华读书报》2014 年 10 月 15 日"怀念陈翰伯专刊"。

第四章

香山执教　桃李天下

一、从"白区"到"红区"

《联合晚报》被封闭以后，陈翰伯在上海已无固定的职业，主要以撰文为生。他参与生活书店的刊物《读书与出版》的编委工作，每月与杜国庠、戈宝权、周建人等共同参加责任编辑陈原召集的例会，讨论刊物事宜，还要写一篇国际时事的文章。[1]例会中，少不了畅谈时局，为生活书店图书出版出主意。这期间，陈翰伯还承担一些上海中共地下党组织的工作，负责

---

[1]　陈原在《记陈翰伯》中说："陈翰伯的职业是编辑，我的职业也是编辑；他写作，我也学着写。解放前他编《联合晚报》，我每天给写一段'天下纵横谈'；我编《读书与出版》，他每月给写一篇国际时事述评。金仲华和冯宾符的《世界知识》，在解放战争时期的上海，同时约我们两人为社外编辑，既看稿，又写稿。"参见高崧、胡邦秀主编：《报人出版家陈翰伯》，人民日报出版社 1990 年版，第 8 页。

联系几个支部和一些党员，其中包括《世界知识》社的党员。他到上
海后，就开始在《世界知识》发表国际时事与国际关系方面的文章，
如署名陈翰伯的文章有：《美军与中国内战》（1946 年 4 月），《美英苏
的对华政策》（1946 年 4 月）等；署名梅碧华的文章有：《论美国反劳
工法》（1947 年 1 月），《动荡中东南亚荷兰，你太迟了!》（1947 年 2
月），《英国经济危机鸟瞰》（1947 年 2 月），《南斯拉夫事件中的经济
政策问题》（1948 年 1 月），《四强谈判前瞻》（1948 年 2 月）等；署
名王孝风的文章有：《环绕华盛顿的双边协定》（1948 年 1 月）。另外，
署名梅碧华的著作《论美苏关系》、《中美之间》、《国会与政府》也于
1948 年先后出版发行。

1948 年 10 月，曾与《联合晚报》党支部联络密切的上海地下党
组织成员姚溱①因叛徒出卖而被捕，情势陡然危险起来，这迫使陈翰
伯等相关人员立刻转移，有的前往香港，有的回故乡隐蔽起来。陈翰
伯想到了父母，他已经十二年多没见到父母了。为了安全，他回天津
的打算连女儿也没告诉，并放了一些烟幕弹，一边对外扬言要回妻子
的老家宁波；一边和刘尊棋商量在北平美国新闻处挂个名，以便有借
口往北方走。陈延琳也记得回天津的经过，她说：

> 1948 年末，母亲叫我跟老师说要退学，回宁波母亲老家。
> 等我们乘坐的海轮快要启动了，母亲才告诉我是去天津看爷爷奶
> 奶（因为当时往北方走会遭到怀疑，所以走前保密）。新中国成

---

① 姚溱，1938 年加入中国共产党，1940 年在上海大同大学读书，从事中共地下工作，
1942 年肄业。1945 年后，在中共上海中央局文化工作委员会参加领导工作。1954 年后，曾
任中共中央宣传部副部长等职。

立后知道，组织上想让我家去香港，再转到北方解放区，很多民主人士都是这样安排的。我父亲说有老父老母在天津，我家有理由直接去天津，我们一行有老有小的不易引起特务怀疑。组织上同意了，我们才直接去的天津。

1948 年 11 月底，陈翰伯挈妇将雏回到阔别十二年多的老家天津，与父母团圆。此时，国民党大势已去，天津、北平已成两座危城。陈翰伯夫妇本来打算见过父母、安顿好家人后就去解放区，因解放大军很快围攻天津，他们就留在天津等解放了。

1949 年 1 月 15 日，在震耳欲聋的枪炮声中，解放军冲进了天津城，天津解放。陈翰伯在大街上看到了军管会的布告，军管会主任署名黄敬。他好不容易找到军管会，哪里想到黄敬就是一二·九运动时的熟人俞启威。老朋友相见分外高兴，他们更为中国共产党的胜利而兴奋。黄敬想留陈翰伯在天津工作，但中共中央有纪律，必须向中央请示，由中央统一安排。十天后，黄敬的秘书通知陈翰伯，中央指示让陈翰伯和卢琼英夫妇马上到中央报道。临行前，黄敬对陈翰伯说："你放心走吧，孩子、老人的生活我负责。"①

陈延琳记得，1949 年春节前，军管会把她家列入军属，发了慰问品，有两个苹果和一点小米。解放军还曾住过她家，发生了一些有趣的事。她说：

一位解放军战士来联系说连部要借住我家，并询问家庭成

① 陈翰伯口述，高崧、胡邦秀整理：《在白区新闻战线上（1936—1949）》，载《陈翰伯文集》，商务印书馆 2000 年版，第 469 页。

员，问到我父母去哪儿了，他态度凶巴巴的，我外婆就生气地说："找毛主席去了！"那战士大惊，以为发现特务了，连忙汇报。后来，来了一位干部，向我外婆道歉，解释说："那是个'解放战士'！"原来几天前他还是国民党兵呢！连长和指导员在我家客厅地毯上打地铺度过了春节。

按中央指示，陈翰伯夫妇乘卡车赶到中共中央所在地河北省平山县，陈翰伯临时在中央统战部帮忙，卢琼英则按邓颖超通知转赴北平出席第一次全国妇女代表大会。陈翰伯在统战部帮忙期间，从上海来了十几位民主人士，其中恰巧有卢琼英的哥哥卢于道，周恩来设宴招待民主人士，陈翰伯也到场了，周恩来对他说："你干了十几年新闻记者，今后还得干老本行。"①

在周恩来的安排下，陈翰伯到驻在通家口的新华社报到，见到了廖承志，但廖承志不能确定陈翰伯在新华社哪个部门工作，说要请新华总社社长胡乔木决定。不久，胡乔木派人把陈翰伯接到西柏坡，见面后，胡乔木安排陈翰伯到新华社国际组工作，任国际组组长。后来该社成立编委会，陈翰伯为编委之一。

从国民党统治的"白区"到中共中央所在地西柏坡的"红区"，从繁华的都市到艰苦的乡野，自然、社会环境差别之大，人们从外表到精神面貌之不同，让陈翰伯感到新奇又陌生。陈延琳说：

　　　　他在新华社报到后，新华社给他派来一个警卫员，发给他一

---

① 陈翰伯口述，高崧、胡邦秀整理：《在白区新闻战线上（1936—1949）》，载《陈翰伯文集》，商务印书馆2000年版，第469页。

匹马、一把手枪，他很狼狈，不会骑马，不会使枪，也不知叫警卫员干啥。这手枪一直到新闻学校搬进城，还放在我家电动留声机内小格子里，不知哪年上交的。

陈翰伯把在解放区的见闻写信告诉女儿，陈延琳当时 11 岁了，她回忆说：

> 我父亲 1949 年去平山县西柏坡，给我来信，主要告诉我解放区的艰苦生活，给我留下了深刻印象。他的意思是叫我珍惜生活。

二、从新闻训练班班主任到新闻学校校长

北平和平解放后，1949 年 3 月 23 日，中共中央、中央军委和中国人民解放军总部从西柏坡迁入北平。新华社随之迁到北平西郊香山。陈翰伯记得是乘卡车深夜到达香山慈幼院驻地的，当晚只睡了一小会儿，凌晨就爬起来发稿。发稿完毕，他走到院子里，轻松地舒展身体。这里本是达官贵人避暑秋游之地，各式各样的别墅庭院散落在蜿蜒起伏的丘陵下，内战和国民党的溃败已使这些曾经繁华的别墅变得凋零落寞，但此时在陈翰伯眼里，这里环境幽美，阳光明媚。他说：

> 我的心情非常舒畅，从此以后，我再也不用在白区过那种表

面一套、内心一套的双重生活了，我可以扬眉吐气地为党、为自己喜爱的新闻事业好好干一番。[①]

不再过表里不一的"双重生活"，看似一个普通的愿望实则很不寻常。参加革命的知识分子与新政权的关系是一个涉及理想与现实、求道与尊势、个人与集体、传统与潮流、革命与建设等极为复杂的话题。共产党经过数十年的奋斗成功地掌握了政权，一个旧时代结束了，一个新时代开始了。

1949 年 6 月，新华总社任命陈翰伯为新闻训练班班主任。由于国共局势转变和即将诞生的新中国急需新闻人才，新华总社在 1948 年 6 月，就已办过为期三个月的新闻训练班，从河北正定的华北大学调来二十多名学员，此为第一期新闻训练班，由新华总社副社长梅益亲自负责，学员大多数留在新华总社，少数分到了华北人民日报社。

对于新闻训练班班主任这个新工作，陈翰伯是高高兴兴接受的，他觉得新中国有许多新工作都值得他去做，况且新闻教育对他也并不陌生。早在重庆期间，陈翰伯就从事了两年多新闻教育工作，那是 1943 年春，著名教育家顾执中办的"民治新闻专科学校"在重庆正式复校，陈翰伯在该校兼课，后来还兼职教务长。[②] 陈翰伯在报馆

[①]　陈翰伯口述，高崧、胡邦秀整理：《在白区新闻战线上（1936—1949）》，载《陈翰伯文集》，商务印书馆 2000 年版，第 470 页。

[②]　陈翰伯兼职"民治新闻专科学校"与周恩来总理有关，他说："周副主席设宴招待顾执中，顾要把他在上海办的民治新专在重庆恢复起来，请周副主席帮他推荐教员。我和陆诒两人就是这样到民治新专去兼课的。"参见陈翰伯口述，高崧、胡邦秀整理：《在白区新闻战线上（1936—1949）》，载《陈翰伯文集》，商务印书馆 2000 年版。

的薪酬不高，加上战时通货膨胀，业余时间的兼职工作跟生活所迫不无关系。该校每学年分三个学期，先后招收学生近两百人，均在晚上授课。其中陈翰伯、孙伏园、老舍等都在该校任过教。1944年2月，顾执中赴印度办报，校务即由陆诒代校长和陈翰伯一起负责，直到抗战结束。

毕业于"民治新闻专科学校"的尚丁回忆了陈翰伯的任教情况，他说：

> 翰伯老师给我们讲授新闻采访和编辑课。他讲课理论联系实际，深入浅出，幽默风趣，大家对他很崇敬。而他非常平易近人，和同学们打成一片。我们同班中有十几个意气相投的同学，形成了一个小小的群体。课余泡泡茶馆，海阔天空地高谈阔论，思想很活跃，达到令人侧目的地步。当时，大后方的民主空气日益高涨，青年人心怀抗战大业，对几年一次的反共高潮，忧心忡忡。所以，不久我们就不满足于这种"清议"，而想有所作为，并且谋划创办一个通讯社，想做一点鼓吹工作。我们把这个天真的想法报告教务长翰伯老师。颇出乎我们意料的是，翰伯老师竟非常赞赏和热情支持我们这个"宏伟"的设想。他决定我们的通讯社作为新闻专科学校的一个实习性通讯社，向学校当局登记。他和我们一起拟定采编计划。因为我们的通讯社取名"江航通讯社"，所以大家写的通讯稿，都用"江航"两个字为笔名，向外地四家大报发稿。这四家大报是昆明的《云南日报》、金华的《东南日报》、西安的《秦凤工商报》和桂林的《广西日报》。翰伯老师事先向这四家报纸打了招呼，

所以，寄去的稿件，几乎篇篇被采用。①

陈翰伯是燕京大学新闻学科班出身，又从事新闻工作多年，他以扎实的新闻专业功底和丰富的新闻从业经验给学生讲课，让学生受益很大。他在"民治新闻专科学校"指导的"江航通讯社"，有骨干成员十五六人，每个人都写稿，每周一次向外地报纸发稿，每一篇文稿都经过陈翰伯的认真修改。

陈翰伯到上海后，"民治新闻专科学校"也回上海办学，顾执中又邀请陈翰伯兼课，陈翰伯开了一门课"第二次世界大战史"。课堂上，当他讲到1939年苏联对外关系，如苏德互不侵犯条约、苏联进兵波兰以及波罗的海三小国并入苏联等问题时，受到几个学生的反驳，他们把苏联叫作"赤色帝国主义"，课堂上出现了激烈的辩论。由于课堂上经常有辩论，陈翰伯担心暴露自己的政治态度，加上《联合晚报》工作繁忙，不到两个月就停止了兼课。②

如今，为新中国培养新闻人才在陈翰伯看来义不容辞。1949年6月新华总社办的新闻训练班算是第二期，学员51人，全部由华北大学调来，学习时间两个月，学员结业时，7人留在新闻训练班工作，其余全部调往新华总社。

第三期训练班9月开学，从全国九个考区招考而来。学员多数为新闻系或其他文科专业毕业生，少数是具有同等学力、掌握一门外语的青年，共270余人。1949年10月，中央人民政府成立，11月，政务院新闻总署宣告成立，同时宣布新闻训练班改名为北京新闻学校，

---

① 尚丁：《陈翰伯同志二三事》，《新闻与传播研究》1989年第3期。
② 陈翰伯写于1968年11月24日的交代材料。

新闻总署副署长范长江兼北京新闻学校的校长，当时范长江还是人民日报社社长，所以新闻学校校长只是挂名，实际负责人是副校长陈翰伯。陈翰伯说：

> 校长由副署长范长江兼任，我是常务副校长，负责学校的全部日常工作。[①]

"北京新闻学校"下设教务科、组织科、总务科。教务科长是许诺，组织科长是徐亚南，总务科长是党得胜。原第三期新华总社新闻训练班的学员成为北京新闻学校第一期学员，他们的学习时间共七个多月，1950 年 5 月毕业。毕业时有学员 283 人，分到华北、西北、西南、中南、东北五个地区的新闻单位工作。

1950 年 8 月下旬，北京新闻学校第二期开学，这时校址已从香山迁到西单大磨盘院 2 号。第二期分研究班和普通班，研究班学员是工作两年以上的新闻干部。普通班从北京、上海、广州三地招考的大学毕业或肄业两年以上的学生。第二期结束后，北京新闻学校停办。

紧接着，利用原校舍和工作人员，办了一期宣传干部训练班，改隶中共中央宣传部，胡乔木任班主任，胡胜任副班主任，陈翰伯任秘书长，主持日常工作。中宣部宣传干部训练班于 1951 年 10 月 15 日开学，分甲、乙两班，甲班是从全国各地调来的地、县两级宣传部长，乙班是国家统一分配来的大学文科毕业生。1952 年 9 月，又从燕京、复旦、圣约翰三个大学的新闻系调来了应届毕业生，编为丙

---

① 陈翰伯口述，高崧、胡邦秀整理：《在白区新闻战线上（1936—1949）》，载《陈翰伯文集》，商务印书馆 2000 年版，第 470 页。

班。至 1953 年，宣传干部训练班结束。

所以，无论是新华总社的新闻训练班、新闻总署的北京新闻学校，还是中宣部的宣传干部训练班，陈翰伯都是主持日常工作的实际负责人。

北京新闻学校的管理方式，有些继承了延安抗大的传统。学校从一开始就对学员进行"团结、紧张、严肃、活泼"的教育。每天早晨，从副校长到学员都做早操，每栋宿舍都进行队前讲话，有话则长、无话则短，但天天都要讲。

学校没有专任教师，而是聘请中共中央、国家机关负责人和首都一些知名的专家学者来讲课。当时任组织科长的徐亚男指出，为新闻学校上课的计有百人以上，基本都是些大忙人，不好找，不好请，有时约好了也会因另有任务来不了，只好另行安排。徐亚南说：

> 为了一次讲课，翰伯往往要数次登门拜访，多次电话联系，到时候还要亲自迎送。这些事工作量很大，也很琐碎，却直接关系到教学计划的完成和教学质量的高低。[1]

而学员们列队提前到礼堂准备听课的时候，往往见陈翰伯早已站在门口等候请来的讲课者，那年冬天常常下雪，学员们常常看到陈翰伯帽檐上肩膀上全是雪花，可谓"立雪程门"。

被陈翰伯请到北京新闻学校来讲课的老师，大致讲授以下内容：

1. 马列主义基本理论课（包括社会发展史、哲学、政治经济学）。

---

[1]　徐亚南：《怀念陈翰伯》，载高崧、胡邦秀编：《报人出版家陈翰伯》，人民日报出版社 1990 年版，第 41 页。

讲授者有杨献珍、艾思奇、范若愚、孙定国、龚士其、于光远、王惠德、狄超白等。

2. 中国革命和建设课（包括共产党的知识、新民主主义革命史、中共的基本政策等）。讲授者有叶蠖生、何干之、廖盖隆、胡华、田家英、李涛、徐冰、张志让、张友渔、杨静仁、吴晗、何成湘、宦乡等。

3. 新闻业务课。讲授者有范长江、邓拓、吴冷西、朱穆之、梅益、温济泽、穆青、方实、华山、李千峰、刘尊棋、魏巍等。

4. 时事和国际知识课。讲授者有伍修权、凌青、萨空了、胡绳、钱俊瑞、陈家康、黎澍、陈克寒、胡伟德等。

5. 语文课。讲授者有叶圣陶、吕叔湘、魏建功、曹伯韩、赵树理等。

6. 文学写作课。讲授者有丁玲、茅盾、老舍、曹禺、刘白羽等。

北京新闻学校没有采用现成的教科书，讲稿都是由讲授人临时编写的。因条件限制，也没有印发讲义。①

每天曙光初照的时候，新闻学校的学员就开始学习马克思主义理论著作，学习方式是以小组为单位，每个组发各种著作各一本，有《社会发展史》、《从猿到人》、《家庭、私有制和国家的起源》、《论人民群众和个人在历史上的作用》、《国家和革命》、《论人民民主专政》等。由口齿清楚的同学念，大家听学，每念完一节，便联系思想实际进行讨论，提高认识。当他们完成培训，走向全国各地的工作岗位

---

① 参见彭德汉：《陈翰伯和北京新闻学校》，《新闻与传播研究》1989 年第 4 期。另参见万京华：《北京新闻学校纪事》，《新闻与写作》2009 年第 7 期。

时，他们"满心憧憬着，从此一往无前，直奔向壮丽的共产主义。"①

三、讲授国际时事课

陈翰伯不光主持学校的日常教学管理，还亲自走上课堂为学员讲授国际知识和国际时事。

新闻学校第二期学员姜德明回忆说：

> 当时翰伯同志仍未放弃他所擅长的国际问题研究，不仅时常给我们做国际形势报告，还讲述读报与时事学习，以及分析朝鲜战场的形势等。……直到我们毕业快要离开学校的前夕，他还给我们讲了一课：汉城停战谈判。②

陈翰伯自大学时代就对国际时事感兴趣。工作以后，经常利用业余时间关注国际时事及国际关系，其中有两段时间比较集中地翻译相关资料、撰写相关论著，一是在重庆期间，一是在上海《联合晚报》被关闭之后。陈翰伯凭借英语特长，翻译了大量资料，并在此基础上，撰写了不少有关国际关系问题的评论文章和著作。

以下是笔者查阅的陈翰伯翻译和撰写的书籍：

---

① 胡企林、张瑶均、郑海天：《勇者·智者·贤者——怀念恩师翰伯同志》，载《陈翰伯文集》，商务印书馆 2000 年版，第 584—585 页。

② 姜德明：《我们的校长陈翰伯》，载《陈翰伯文集》，商务印书馆 2000 年版，第 556 页。

1.1944 年 6 月，陈翰伯编译的《华莱士》由重庆双江书屋印行。共分为三部分。第一部分是陈翰伯根据翻译的资料编写的华莱士[①]小传。第二部分辑录有关华莱士的评述文章 5 篇。第三部分辑录《自由胜利的代价》、《美国应重视中国和苏联》、《明日的美国》、《论战后问题》等 9 篇华莱士的演讲、广播词和论文。

陈翰伯在前言中说：

在这本辑录里，我只希望把一点点的便利献给研究华莱士的读者。华莱士是民主自由的拥护者，中国正在特别需要这样的朋友，尤其是当这个宪政运动需要深入地加以认识、讨论、研究的时候，华莱士的见解正是珠粒般的宝贵资料。

……我们应该从一个国家理解一个人，这个人顺应了时代，顺应了人民，才能够作为一个伟大国家的伟大人物——华莱士倡导的民主自由，已经成为美国人民的生活要素。他们的目的是为了实现一个民主自由的幸福的世界。我国也应该加入这个世界，然而我们不能乘降落伞跳到这个世界里去，我们同样也应该拿起民主自由的武器，为实现这样的世界而战斗而奋斗。

此书还在扉页中辑录华莱士的话："中美人民以独裁者的行为为殷鉴，都知道我们如果在战斗过程中失去个人自由，那么绝没有战胜法西斯主义的可能；如果富于创造才能的人士，没有提供其批评

---

① 亨利·阿加德·华莱士，美国政治家，富兰克林·罗斯福时期曾任美国农业部长、美国副总统；杜鲁门时期任商务部长。于 1944 年 6 月 20—24 日访华，主要目的是调解国共矛盾，是抗战时期中美关系史上的一次重要事件。

的思想，以谋共同福利的自由，那么也没有建设新世界的可能。"陈翰伯将这段话摘录在扉页中，说明他是高度认同的。从陈翰伯编译的《华莱士》中，可以看出他真诚赞扬华莱士，接受华莱士的民主自由思想。当时身为美国副总统的华莱士主张美苏关系不对抗，其访华的主要目的是调处中苏关系和国共关系，因此受到中国共产党的欢迎。

2.1944 年，陈翰伯、朱葆光合译的《逃出巴尔干》，由重庆的中外出版社印行。1945 年 12 月，由北平的中外出版社再版。

译者序言说：

这本书的作者是伦敦泰晤士报记者巴介甫（Michael Padev），巴介甫是保加利亚人，因为反对纳粹主义和一切法西斯主义被驻保加利亚的秘密警察捕入集中营。

巴介甫在这本书里毫无隐讳地暴露了巴尔干的真相，说明了巴尔干真相的来源，指出发展的方向。这里的一切故事都是他亲自看到，听到，或体验到的铁一般的真正的事实。这些事实里有泪，有血，有火，有非人类所能想象的残酷，有非秘密警察所能消灭的愤怒，有为社会正义和永久和平而不顾生死地奋斗的男女老幼。

巴介甫用生动的笔调把不怕冷、不怕死、不怕痛苦的男女志士从事自由和解放奋斗的经历描绘出来，他在许多生动的故事里给予读者关于现在巴尔干政治与生活的一些明确的知识。

译者序言中说明原书是伦敦 Cassell 公司出版，并声明为节省篇幅对原书冗长的叙述略有删节，但故事的发展丝毫没有变动，章次略有更动。陈翰伯通过此译著表达了反对纳粹主义和法西斯主义的态度，也表达了追求社会正义和永久和平的愿望，同时指出正义的人们需要为此而付出、而战斗。

3.1945 年 3 月，陈翰伯翻译美国新闻处特派员裴克（Graham Peck）的《缅北行》，由美国新闻处印行，表明是非卖品。陈翰伯在"译者附记"中说：

> 本文是缅北十五个月对敌作战第一篇有系统的记述与分析。作者为美国新闻处特派员，前该处桂林分处主任，在华多年……他于一九四四年十月由渝赴缅北作战地采访。本年二月经史迪威路返昆。
>
> 缅北的胜利攻势，其意义所在，不只是为中国打通了一条新的陆路运输线，而且充分证明中国军队经过优良训练，获得充分补给，在精明统率之下，会发挥怎样的攻击精神。

陈翰伯的"译者附记"似乎在告诉我们，抗战时期中国政府军没有"充分补给"，也没有"优良训练"和"精明统率"。近年相关研究用大量证据证明这是事实。

4.1948 年 3 月，陈翰伯署名梅碧华翻译的《麦帅陛下》，由世界知识社印行。主要内容是日本问题和美国对日政策。陈翰伯在书末的"译后记"中说，他翻译的是美国记者劳台巴赫（R.E.Lauterbach）所著《危险来自东方》一书中日本部分的两章，目的是为了给读者提供一点关于日本问题的资料。陈翰伯介绍此书并指出：

（本书）所罗列的事实并没有蒙蔽真相，而且发掘了若干不为人知的事实。只是作者没有把这些事实做正确的判断，他没有了解这是美国独霸世界计划的一部分，没有指明这是华尔街有其必然的对日政策。所以我们这里的这本《麦帅陛下》也只能是青年读者的一本入门书。

今天的情势，是美国把日本当作了复兴远东的中心。正如美国要在欧洲复兴西德以支配西欧一样，美国是要在远东复兴日本以支配亚洲。对中国人民这是最大的危险。特别是在我国某些人士认为日本已经"民主"，认为麦克阿瑟对日政策并不宽大的影响下，我们实在有必要解脱出来，去面对事实、面对真理。

与 1944 年对美国抱有好感、对华莱士真诚赞扬不同，1948 年，陈翰伯在《麦帅陛下》的译作中，转向了对美国和麦克阿瑟①的批判。这与麦克阿瑟是共产主义的反对者有关，更与中国共产党的策略有关。当时，中共地下党组织指示："要分作三个步骤准备舆论。第一步是集中全力反对美帝扶助日本复活军国主义。这一点最能获得人心，而且国民党也不敢干预。等到这个宣传深入人心之后，我们再走第二步：提出反对美帝帮助蒋介石打内战。锋芒首先对准美帝，暂时不提蒋介石。时机成熟之后，再走第三步：适当地表示反对蒋介石打内战。"②《麦帅陛下》只翻译原著中有关日本的两章，与中共舆论策略的第一步不无关系，其要义是批判美国扶助日本。

---

①　道格拉斯·麦克阿瑟，第二次世界大战时期历任美国远东军司令，西南太平洋战区盟军司令；战后出任驻日盟军最高司令和"联合国军"总司令等职。

②　参见陈翰伯写于 1967 年 9 月 3 日的交代材料。

5.1948 年 12 月，陈翰伯署名梅碧华著的《中美之间》由上海的新知书店出版。此书共 9 章。评述 1931 年九一八事变至 1948 年美国实行援华法案期间的中美关系，也论及美国的世界政策及远东政策。

陈翰伯在《中美之间》中指出美国是两栖的殖民帝国，他说：

通常，人们总以为美国是没有领土野心的。事实上是否如此呢？我们可以分三层来了解：第一，美国是后起的帝国主义，所以它的殖民帝国版图比起英国来是要小得多；第二，美国的海外扩张，并不以掠夺领土为主，它是以独占资本的侵入为主的；第三，虽然如此，美国也不是绝对不要掠夺领土的。[①]

《中美之间》对于日本战后国力的评判是：

在远东，只有一个日本是一个高度发展的资本主义国家。今天的日本独占资本集团，比过去任何时期都更能完全地支持这个国家了。这个在战争中完成了产业改革的日本，已经从一个轻工业占优势的以及生产程度相当低落的国家，变成了一个经济高度集中以及受高度控制的重工业化的国家。超级空中堡垒的不断轰炸和两颗原子弹，并没有把日本的工业潜力摧毁。无条件投降的时候，比 1931 年和 1941 年发动战争的时候，日本的工业力量是更强大了。今天的日本独占资本集团和美国独占资本集团协同发展起来了。[②]

---

① 梅碧华：《中美之间》，新知书店 1948 年版，第 15、16 页。
② 梅碧华：《中美之间》，新知书店 1948 年版，第 18 页。

关于美国的对华政策，书中的结语部分写道：

美国在第二次世界大战中虽曾装尽了许多正义的面目，但始终掩饰不住它的帝国主义侵略政策之本质，而现在美帝国主义的狰狞丑恶的面貌则更已公开的暴露出来了，所以它的对华政策无论伪装得多么巧妙，我们中国人民看的是清清楚楚的。

美国的对华是一个奴役中国人民、危害世界和平的计划。在美帝国主义侵略政策之下，中国人民又遭逢着一个新的民族危机，这危机是慢性的民族自杀，美帝国主义正在有计划地一步一步地从军事、政治、经济以及文化各方面来控制中国，使中国无形中成为美国的殖民地，这种政策要比过去日本帝国主义侵略中国高明与毒辣得多，因为日本帝国主义公开的派兵占领中国，直接屠杀中国人民，这必然容易引起中国人民的仇恨与反抗；而今美帝国主义却换了另一种手法，就是"借刀杀人"与"笑里藏刀"的手法，在这种手法下，它可以假装慈悲，冒充伪善，使一般人认不清它的真面目，而且还对它存有幻想，这就是美帝国主义比日本帝国主义成功的地方。

不过，魔高一尺，道高一丈，今天中国人民决不是可欺的和可以被玩弄的，美帝国主义的对华政策尽管阴险、狡猾、凶狠，但是，有着一百年伟大反侵略传统的中华民族，和有着四万万英勇奋斗不屈的中国人民，是决不会被这种民族新危机和新的帝国主义侵略所吓倒的。莫斯科电台观察家马里宁说得好："新的帝国主义侵略，新的民族危机，将使英勇的中国人民在愤恨中奋起，将使顽强的中国人民在反抗中胜利。新的更伟大的中华民族争独立的浪潮，正对准着美帝国主义的干涉，中华民族一定会获得胜利。"是的，我们每个中国人民都有这种确信，这就是我们曾经把日本帝国主义半世纪以上的侵略扫除出去，我们最后也必将扫除美帝国主义的侵略。

陈翰伯在"文革"交代材料中说，此书交稿后，由上海地下党加以修改，并做了一个美帝"援助"蒋介石的统计表。[①] 除了统计表他已明确指出是由中共地下党加上的，还有哪些内容经过地下党的修改已无法确知。可以肯定的是，书中的结论与中国共产党建国前后亲苏反美的外交政策完全一致。

6.1948 年 12 月，陈翰伯署名梅碧华著的《国会与政府》由上海的世界知识社出版。全书共 7 章。侧重于从选举、国会和政府组织等方面研讨各国的政治制度。

陈翰伯在书的"前记"中说：

> 本书的若干章，曾经以"欧美政治制度浅说"的总题，发表于《世界知识》周刊。辑成本书之时，在编次上已经重新排比；章节、标题、细目也颇多变更。补充及修订之处，几乎遍及每章。但是，适宜于一个周刊发表的某些及时性的论断，在这里是一律删除了。

《国会与政府》从时事研究出发，结合 1946 年至 1948 年鲜活的

---

① 见《陈翰伯文集》，商务印书馆 2000 年版，第 354—355 页。

国际时事，对第二次世界大战后变幻莫测的国际局势作了"世界向何处去"的思考。此书的第一章题目是"考验民主的时代"，作者认为战后世界政治制度的主流是民主政治。他说：

> 这是一个考验民主的时代。
>
> 德国、意大利和日本的法西斯主义，非但消灭了本国一切民主主义，而且动员了武装力量企图消灭其他国家的民主主义，战争的结果证明，非但是苏联社会主义的民主，而且还有英美资本主义的民主，都比法西斯独裁制度更优越，更富有生命力。[①]

陈翰伯把战后的民主制度分为三种，即英国、美国、法国、意大利等资本主义国家的民主制度；波兰、捷克斯洛伐克、匈牙利、罗马尼亚、保加利亚、南斯拉夫等东南欧新民主主义国家的民主制度；苏联社会主义国家的民主制度。他认为这三种民主制度是由低到高发展的。从书后开列的参考书目看，有好几本是译成中文的苏联学者的著述，如《论苏维埃民主》、《苏联的民主》、《苏联社会·国家·人民》、《苏联的人民和生活》等，如此多论述苏联的书籍，说明当时苏联的影响正如日中天。《国会与政府》显然吸取了苏联学者的观点。

七十年后的今天，回望这段历史，我们已经看到了更多的事实、更多的资料，有更多的视角。站在今天的角度阅读陈翰伯的著述，自然会发现其中有些描述未必客观，判断和观点未必正确，这与当时接触资料的局限有关，也与当时国际国内大环境及意识形态有关。但上

---

① 梅碧华：《国会与政府》，世界知识社 1948 年 12 月，第 1 页。

述翻译及论著，足以说明陈翰伯在国际时事及国际关系方面的兴趣和学养。按时间先后读他的翻译和著述，可以感受"二战"期间及"二战"前后国际关系的变幻莫测，感受当时全世界共产国际和社会主义阵营的强大，体会当时人的所思所想和美好愿望。

陈翰伯在新闻学校讲国际时事课的底气无疑来自多年的积淀。新闻学校第一期学员唐达成回忆说：

> 接触过他的人，都会觉得他的平易、随和。但是，当他双臂撑着台上那张小桌，用嗓音浑厚、口齿清楚的标准北京话，侃侃而谈时，你不知不觉地就被吸引住了。他讲话条理分明，逻辑性强，他不念讲稿，似乎只有一纸提纲，但滔滔不绝的论述，生动有力，往往一讲就是三个小时，他仿佛有无限的热情与精力，而我们也专注而认真，听得津津有味。[1]

由于朝鲜战争的爆发，陈翰伯在新闻学校讲授时事的重点是有关朝鲜战争的问题。1950 年 12 月，世界知识社出版了陈翰伯写的小册子《朝鲜战争的新发展》，应该与他在北京新闻学校的国际时事讲授有关。此书共分 7 个部分：一、亚洲人民抗美的前哨站；二、在中朝人民并肩作战之下；三、在朝鲜打垮美国侵略者；四、团团打转的美国侵略军；五、中国人民的控诉；六、警惕美帝国主义的狡猾；七、我们不怕反抗侵略战争。从标题就可看出，这是对朝鲜战争的统一解读。此书每个部分都列出四五个讨论题，显然是供学员思考的，书中也列出了

---

[1] 唐达成：《往事云烟》，载高崧、胡邦秀编：《报人出版家陈翰伯》，人民日报出版社 1990 年版，第 45—46 页。

陈翰伯兄妹四人随父母从天津回苏州省亲，约在 1930 年（右二为陈翰伯）

陈翰伯燕京大学履历表

1936年，陈翰伯燕京大学毕业照

1935 年 12 月 9 日，燕京大学示威游行队伍遇到军警阻挡，陈翰伯在跟军警交涉

1936 年 1 月，平津学生南下宣传团中的燕京大学同学，右二为陈翰伯

1937 年，陈翰伯和卢琼英在西安结婚

1948 年春，陈翰伯夫妇和子女在上海

1949 年初，陈翰伯和父母暌隔 13 年重逢

1954 年，中国科学家代表团访苏期间

20 世纪 50 年代早期的陈翰伯

20 世纪 50 年代后期的陈翰伯证件照

20世纪50年代末、60年代初，商务印书馆出版的汉译世界学术著作

1969—1972年期间，在湖北咸宁文化部"五七干校"

1978 年，陈翰伯在国家出版局办公室

　1979 年 11 月 29 日，邓小平接见美国不列颠百科全书出版公司代表团，陈翰伯（左三）陪同

1980 年 6 月，在美国康涅狄格州麦迪逊镇看望老朋友海伦·斯诺

1986 年，原北京新闻学校学员祝贺陈翰伯从事新闻出版工作 50 周年

参考资料。

四、校长的日常做派

新闻学校的日常领导班子由两部分人组成，除陈翰伯来自国统区外，其他干部如组织科、教务科、总务科科长都来自延安。第二期学员姜德明说：

> 教务科科长许诺是延安来的，副科长萧岩是延安广播电台最早的女广播员。我们的总务科长党得胜像是个参加过长征的老红军，当时还没有计划生育一说，他的孩子最多，按制度办事公家给他请了两个保姆。这一切对我们刚参加革命的知识青年来说，算是新鲜事，看来这对一直在白区做地下工作的翰伯同志来说也很新鲜，恐怕一时未必习惯。[①]

解放初期，人们警惕性很高，总在提防特务袭击。陈延琳说：

> 我确切记得 1950 年暑假，我外婆和弟弟已经从天津搬到香山，住在公路旁边一排砖瓦房里，暑假我就跟外婆、弟弟同住，父亲回来吃饭睡觉，周六下午母亲从城里乘中直机关班车来此。办公室和我家屋子，显然都是过去有钱人的别墅，解放后都变成

[①]　姜德明：《我们的校长陈翰伯》，载《陈翰伯文集》，商务印书馆 2000 年版，第 555 页。

公房了。我父亲和几位同事，有次晚间在办公室议事，忽然觉得有人朝玻璃窗扔小石子，他们立即关灯，准备跟特务斗一场。天明出屋，才知道是藤萝花架的豆荚成熟了，干豆子蹦出来打到玻璃窗，虚惊一场。

来自"白区"和来自"红区"的两部分人所处环境不同，生活习惯、思维方式、举止作风也就有了差异。对于陈翰伯的日常做派，来自延安红区的干部起初有些看不惯，当时的组织科长徐亚南坦承：

四年的时间不算短，我从来没有见过他对人发过火，下过命令，他总是说"请你……"，"谢谢"，或者用"是不是……"的语气跟别人交换意见。对于他的礼貌待人，开始我们还不大习惯，觉得同志之间如此客气，反而"见外"了。后来理解到，他的礼貌是出于对人的尊重，出于团结同志做好工作的愿望，完全不是什么"见外"。

其实陈翰伯的这种待人接物的方式一直保持不变，在女儿陈延琳眼里，父亲在这方面有些西方化的习惯，她说：

电话铃响，父亲拿起话筒先说"陈翰伯"三个字，这是典型的西方礼节，咱们中国人接电话都爱说："喂！谁呀？"我十一二岁时，父亲带我逛西单商场书市，碰到他的熟人，他先给我介绍这是某伯伯，然后给人家介绍"这是我女儿"，我称呼伯伯、鞠躬后，他们才对话。咱们中国人很少对人介绍自己的孩子。

来自延安的干部起初还有些看不惯陈翰伯的家。陈翰伯曾有个阔气的家，陈延琳至今对这个家都有深刻的美好印象。她说：

> 我全家 1948 年底回到天津老家时，因祖父母家实在拥挤不堪，父亲便托人租到一套房子，很漂亮的英国式公寓楼，一家一套，有大客厅和两间卧室，盥洗室、厨房，后门里有一间仆人小卧室，这套房子是我此生住过的质量最高级的房子。
>
> 当时一户白俄知道共产党的军队要打过来，匆匆跑到别的国家去了，所以能以较低的价钱租到。这家白俄人离开时丢下了全部家具，都是俄罗斯式的，质量上乘，包括沙发地毯在内，使我家一下子变成"疑似有钱人"。
>
> 这户白俄留下一台小柜似的电动留声机和许多唱片，唱片多是俄罗斯经典音乐，施特劳斯的圆舞曲、柴可夫斯基的《胡桃夹子》等，这些唱片等于给我上了音乐辅导课，打下音乐欣赏的基础。我大弟弟才三岁半，每天跟着我听唱片，长大后成了西方古典音乐的"发烧友"。厨房留下许多古怪的调料，也被我们慢慢吃掉了。
>
> 这户白俄很奇怪，留下了书柜却没有书，可能带走了，只有一大本正式出版的画册，是极好的图画纸，很厚。第一页是耶稣基督的头像，头戴荆冠，悲天悯人，图上划着铅笔打的格子，显然主人家里有人照着画过。之后是古代希腊罗马雕塑的照片，包括弥罗岛的维纳斯，掷铁饼的人，拉奥孔等名作，还有文艺复兴时期拉斐尔画的西斯廷圣母像，17 世纪贝尼尼的雕塑阿波罗与达芙妮等。看来这户白俄是文化修养比较高的。这部画册给我打

下了美术欣赏的底子，等于又上了美术辅导课。所以我挺感谢那家未曾谋面的白俄的。

陈翰伯一家定居北京后，白俄留下的家具从天津搬到了北京新家。当徐亚南看到陈翰伯家的摆设时，很不习惯，他说：

> 在生活上起初我们看到陈翰伯家的沙发床，落地电唱机等家具，心里有点不舒服，不知怎么就把它和"资产阶级生活方式"联系起来。①

而陈翰伯对新中国和新的工作环境充满激情，全身心地投入到新闻学校的办学中。他对待工作极其认真负责，在他办公桌的玻璃板下，总是压着一周工作安排和教学进度，记事牌上记着每天要处理的事。②他很注意突出党组织的领导，决不突出个人。新闻学校第二期学员姜德明回忆，一二·九运动十五周年的时候，陈翰伯作为亲历者给学生作报告，"他竟没有一个字讲到他当时的个人活动，哪怕是点滴的贡献。当然更不会讲到他同斯诺的友谊，以及秘密地陪同斯诺夫人访问延安的事。"③刊登在《新闻学习》1950年第8期上的陈翰伯文章《从"一二·九"看爱国运动》证明了姜德明的说法。

---

① 徐亚南：《怀念陈翰伯》，载高崧、胡邦秀编：《报人出版家陈翰伯》，人民日报出版社1990年版，第40页。

② 徐亚南：《怀念陈翰伯》，载高崧、胡邦秀编：《报人出版家陈翰伯》，人民日报出版社1990年版，第41页。

③ 姜德明：《我们的校长陈翰伯》，载《陈翰伯文集》，商务印书馆2000年版，第556页。

作为一校之长，陈翰伯待人非常谦虚，决不摆知识分子的"臭架子"。同事之间包括学员在内，大家都称呼同志，在一次学员大会上，陈翰伯专门讲了称呼问题，他先讲什么是联系群众，什么是革命分工，然后说："请同志们今后叫我翰伯同志，不必叫副校长。"[①]他和学员一起做操，和同事一样穿"干部服"，以至不明底细的新学员以为他也是来自延安的干部。新闻学校第一期学员唐达成回忆道：

> 我们的训练班享受供给制待遇，每月有六斤小米的零用钱，以供买牙刷、牙膏之类，还都发了棉衣、棉帽和小马扎。听大课时，我们就拿着小马扎，列队到大礼堂去，按队坐好，一面听课一面记笔记。翰伯同志，我就是在那样的情况下，第一次见到他的。他以班主任的身份在台上向我们说明，这是个培养为革命、为人民服务的新闻人才的摇篮，他阐述了办学方针、任务和办学方向，以及两种新闻观的不同性质。记得那时他也不过三十多岁，瘦削而精干，中等略高的身材，鼻梁上架着一副眼镜，一身灰色的干部服，领口敞开着，一顶已经洗得有点走了形的干部帽，那么随便地扣在脑门上，帽檐儿向上翘着，总之，这是当时最普通、最典型的干部装扮了……[②]

在实际利益面前，陈翰伯常常谦让。徐亚南记得：在香山时分配住房，多数同志都希望挨近办公室，陈翰伯却主动地把家安到离办公

---

① 彭德汉：《陈翰伯和北京新闻学校》，《新闻与传播研究》1989 年第 4 期。

② 唐达成：《往事云烟》，载高崧、胡邦秀编：《报人出版家陈翰伯》，人民日报出版社1990 年版，第 45—46 页。

室较远的地方。有一次，新华总社分给干训班工作人员几只手表，表盘分黑白两种，陈翰伯让女同志和其他人挑选，他拿了最后一只。①相处久了，徐亚南觉得陈翰伯是个事业心很强的人，对物质生活看得很淡。

虽然尽量淡化个人，但陈翰伯作为新闻学校的实际负责人，权限之内还是表现了鲜明的个人风格，影响着学校的整体风气。组织科长徐亚南说：

> 在知识分子思想改造运动②中，我们对学校中来自国民党统治区的大中专学员进行了思想总结运动，即在学习政治理论和时事政策的基础上，通过批评自我批评，总结前一段学习收获，检查存在的问题，当时一些包括我在内的工作人员有一种急躁情绪，往往简单粗暴地对待一些学员的思想问题，翰伯却不是这样，他总是以长者和朋友的姿态出现在学员当中，引导他们通过学习解决思想问题。他总是和颜悦色地同他们谈话，从不声色俱厉地训斥人。所以学员们愿意接近他。有一次，一位女学员因受一件间谍案牵连，公安部门派人来了解情况，当着翰伯和我的面同她谈话，她心情一紧张，说话吞吞吐吐，我以为她是故意躲

---

① 徐亚南：《怀念陈翰伯》，载高崧、胡邦秀编：《报人出版家陈翰伯》，人民日报出版社 1990 年版，第 40 页。

② 知识分子思想改造运动，一般以 1951 年 9 月 29 日周总理为京津高校作《关于知识分子的改造问题》的报告为标志。1951 年 11 月 30 日，中共中央发出《关于在学校中进行思想改造和组织清理的指示》，要求在所有大、中、小学校教职员和高中以上学生中普遍开展学习运动，号召他们认真学习马列主义、毛泽东思想，联系实际，开展批评和自我批评，进行自我教育和自我改造；并指出这次运动的目的，主要是分清革命和反革命，树立为人民服务的思想。此后运动由教育界逐步扩展到文艺界和整个知识界，1952 年秋基本结束。

闪，对党不老实，便严厉地斥责了她。事后翰伯说我不够耐心，并说，对旧社会过来的青年不可要求过急。后来通过学习，这位学员进步较快。事实表明，她对党是忠实的，是一位拥护党、求进步的好青年。抗美援朝搞捐献，她主动地献出了两颗珍藏的桂圆般大小的金块。①

在第二期学员开学典礼上，除了新华社、新闻总署的范长江、陈克寒、吴冷西等相关主管领导必须参加，陈翰伯还邀请业界和教育界人士出席，如燕京大学新闻系学的蒋荫恩，《新民报》的陈铭德、邓季惺等。新闻学校办的小报《新闻学习》创刊时，陈翰伯请了民主人士马叙伦题词。②

新闻学校学员多是来自上海、广州、北京等大城市的大、中专毕业生。其中第二期学员中有著名诗人郁达夫的儿子郁飞。这期学员入校后，正赶上抗美援朝战争③，学校召开了抗美援朝动员大会。会后，学员们几乎都报名上前线，而郁飞却表示暂时不想去打仗，可以留在后方支援朝鲜。别人对郁飞说，连翰伯同志都报名了，劝其报名，郁飞却说，上面是不会批准校长去的，他去了谁来办新闻学校？在大家随大流一窝蜂地报名中，郁飞坚持不报名，仿佛大合唱中的不和谐声

---

① 徐亚南：《怀念陈翰伯》，载高崧、胡邦秀编：《报人出版家陈翰伯》，人民日报出版社1990年版，第42页。

② 姜德明：《我们的校长陈翰伯》，载《陈翰伯文集》，商务印书馆2000年版，第556页。

③ 1950年7月10日，"中国人民反对美国侵略台湾朝鲜运动委员会"成立，抗美援朝运动自此开始。10月，中国人民志愿军赴朝作战，拉开了抗美援朝战争的序幕。1953年7月，中美双方签订《朝鲜停战协定》，抗美援朝战争结束。

音。此事反映到陈翰伯那里，陈翰伯认为郁飞不过是很个性化地讲了真话、实话，他觉得这没有什么可责怪的，不必介意。①

在非工作场合，陈翰伯会穿上白衬衣，这是在上海工作时的着装，看起来像个大学教授，他与学员们打成一片，常常流露出他大学时代活跃率性的一面，姜德明说：

> 有人看不起来自上海教会大学的女同学，说她们洋气娇气，陈翰伯说别急慢慢来。他在校内碰上前边走的几个上海姑娘，就像朋友或同学似的赶上前去找她们要糖吃，女同学们不好意思，他就说别骗我，你们口袋里一定有咖啡糖，快掏出来。有一次，他带我们去参观燕京大学，快到吃中饭时他悄悄跟身边的几位同学说，校门外有家小饭馆不错，我请客可是别再声张，人多了我请不起。②

在新中国成立初期的党内整风运动中，有人给陈翰伯提的意见是：原则性不强，看问题不尖锐，不善于开展批评与自我批评。③ 以当时的革命眼光看，这个意见似乎很恰当。也许正是这种"缺点"，加上他敬业、谦虚、谦让、平易近人等优点，使新闻学校同事间、学员间保持了友善和谐的关系。姜德明感慨道：

---

① 参见姜德明：《我们的校长陈翰伯》，载《陈翰伯文集》，商务印书馆 2000 年版，第 557 页。

② 姜德明：《我们的校长陈翰伯》，载《陈翰伯文集》，商务印书馆 2000 年版，第 557 页。

③ 徐亚南：《怀念陈翰伯》，载高崧、胡邦秀编：《报人出版家陈翰伯》，人民日报出版社 1990 年版，第 42 页。

陈翰伯身上既没有官架子，也没有党八股。我们以有这样一位校长而感到幸福。在他的以身作则和影响下，新闻学校的老师们都与同学们保持了一种亲密无间的朋友和同志的关系，这段生活对于我们的一生都是值得怀念的。①

陈翰伯主持的北京新闻学校两年期间共培训了五百多名学员，加上中宣部宣传干部训练班培训的学员，总人数达一千多人，他们被分配到全国各地的新闻机构、出版发行机构及文化教育机关，成为各单位的业务骨干。其中新闻学校的学员高崧、胡企林等后来成为商务印书馆复兴的干将，1986年12月24日，他们筹划了陈翰伯新闻出版工作五十周年纪念会，在中国社会科学院近代史所礼堂召开，来自全国各地的同学共百余人参加，向老师表示感谢和敬意。

2014年，在陈翰伯冥诞百年之际，新闻学校老学员、中国书法家协会名誉主席、原人民美术出版社副总编辑沈鹏特题诗以纪念：

> 犹记红枫火样痴，八方学子敬吾师。
>
> 一身正气泮池月，两袖清风天下思。
>
> 不羡大官谋大事，敢从新处拓新枝。
>
> 问今霜叶几荣落？伏枥同侪未计私。

① 姜德明：《我们的校长陈翰伯》，载《陈翰伯文集》，商务印书馆2000年版，第557页。

第五章

掌舵商务　承前启后

一、从《学习》杂志编委到商务
印书馆总编辑

　　每个时代都有鲜明时代特色的流行语，20世纪 60 年代前出生的人，都熟悉"我是一颗螺丝钉，哪里需要哪里拧"。陈翰伯在即将谢幕人生的前三年，即 1985 年 6 月，写下了回顾一生的《自拟小传》，这篇自传不足千字，他自比螺丝钉，他说："聊以自慰的是，做了一枚对人民有点用处的螺丝钉。"在宣传干部训练班结束后，他这颗螺丝钉先是被拧到《学习》杂志，继而又被拧到商务印书馆。作为公有制下商务印书馆的第一位"一把手"，他竭尽所能地争取和拓展图书出版空间，在中国出版史上留下了浓墨重彩的一笔。

1. 主管《学习》杂志

时间回到 1953 年，这年 6 月，陈翰伯调任中宣部理论宣传处副处长。该处处长是许立群[①]，副处长有于光远[②]、陈翰伯、陈道等 5 人，陈翰伯的具体工作是主管《学习》杂志。《学习》杂志承担意识形态领域构建马克思主义主导地位的任务，政治责任重大。时任理论宣传处副处长之一的陈道对《学习》办刊方式及陈翰伯的工作有这样的描述：

> 《学习》杂志是中宣部直接抓的刊物。……
>
> 中宣部领导这个刊物主要通过理论宣传处，几个正副处长都是编委，尽管陈（指陈翰伯，作者注）主管这个刊物，编委里面发言最多的是许立群。编辑计划在编委会上谈，稿子清样分送各编委，一般许立群不点头稿子发不出去。

[①] 许立群，江苏南京人，1937 年加入中国共产党。曾在延安任中央青委宣传部编辑科科长、《中国青年》杂志主编。1952 年初调入中宣部，历任理论宣传处副处长、处长、副部长。1965 年 3 月以后主持部里的常务工作。新时期后任中国社会科学院顾问兼哲学所所长、名誉所长。

[②] 于光远，上海人。1935 年参加一二·九学生运动。1936 年毕业于清华大学物理系。1937 年加入中国共产党。1939 年兼任延安中山图书馆主任。曾任中共中央理论宣传处副处长、国家科学委员会副主任、国家计划委员会经济研究所所长、中国社会科学院副院长兼马列主义毛泽东思想研究所所长、国家科委副主任等职。

尽管困难很多，陈翰伯作为杂志具体工作负责人，还是努力想把杂志办好。任何刊物都有目标读者，一份好刊物起码要在目标读者中具备可读性。陈翰伯认为《学习》杂志作为一个理论刊物，应该经常探讨实际工作中提出的各种理论问题；刊物要宣传马克思主义理论，但不能孤立地就几门马克思主义理论课程作讲坛式的照本宣科，而要结合社会科学及自然科学知识。这点得到于光远的印证，他说："陈翰伯提出在这个杂志多介绍一些社会科学和自然科学。"①

1956 年，中共中央提出"百花齐放，百家争鸣"的方针，中宣部部长陆定一向自然科学家、社会科学家、医学家、文学家和艺术家们系统地阐述了党中央提出的"双百方针"，他在《百花齐放、百家争鸣》的报告中说："要使文学艺术和科学工作得到繁荣的发展，必须采取'百花齐放、百家争鸣'的方针。"②"双百方针"的提出使《学习》杂志有了改进的契机，此年年底酝酿改版，在出过两期试刊后，从 1957 年起正式改版，并缩短刊期，改月刊为半月刊。但好景不长，半年后反右运动开始，政治形势逆转，《学习》杂志的改版也不了了之。

陈翰伯对于主管的《学习》杂志感到不满意，他晚年对学生高崧说，由于自己理论修养不足，对实际又缺乏了解，加上当时的政治形势，很难改变原来的一套宣传格局，因此刊物从内容到文风都比较单调，多少有教条主义倾向。③

---

① 于光远：《看〈陈翰伯出版文集〉后写的》，载《陈翰伯文集》，商务印书馆 2000 年版，第 576—579 页。

② 《陆定一文集》，人民出版社 1992 年版，第 500 页。

③ 高崧：《青春办报 皓首出书——纪念陈翰伯从事新闻出版工作五十周年》，载《陈翰伯出版文集》，中国书籍出版社 1995 年版，第 182 页。

在中宣部理论宣传处五年，"书生作吏从朱墨，官事纷纷何日息"，时常让陈翰伯感到力不从心。陈延琳说：

> 干部训练班结束后，我父亲调任中宣部理论宣传处副处长，管《学习》杂志。这个工作他并不得心应手，他写过工业化、五年计划的文章，但经济不是他的专长，而且越来越"左"的政治空气也使他难以适应。

这段时间，陈翰伯按照理论宣传处的职责要求，写过一些符合当时政治需要的文章，包括批判右派的文章，他半辈子的好朋友、著名出版家陈原先生在《〈陈翰伯文集〉读后抒怀》中说：

> 解放后的十七年，如同我们这一代的知识分子一样，管理工作和政治运动耗费了他太多的精力，很少写作的时间和心情。偶有所做，也常常显出被扭曲的心态。比如在1957年那场夏季风暴中，他写过洋洋洒洒的批判文章，文章所斥种种，他未必相信他的斥责是对的——他本来有一颗诚挚的待人爱人之心，但他也未必不相信他的斥责是正确的，甚至当时他会认为这些斥责符合他的信念。这就是通常说的社会性悲剧所在，或我们这一代人的悲剧所在。我们大都经历过这样痛苦的时刻，或者这就是叫作迷误的时刻。这一点，我太理解了。①

---

① 陈原：《〈陈翰伯文集〉读后抒怀》，载《陈翰伯文集》，商务印书馆2000年版，第629页。

作为一个 20 世纪 30 年代初加入中国共产党的知识分子，中华人民共和国成立后，陈翰伯响应党的号召，认真学习马列主义，紧跟形势，主动自觉地进行思想改造。但在具体工作中，他还是自然而然地按常识、经验和规律办事，因此常被认为"右倾"。陈延琳说：

> 我仔细琢磨过我父亲在"左"的气氛愈演愈烈下的心路历程。我觉得，他和钱钟书、杨绛这些知识分子的教育背景相似，但对待"左"的东西态度是有所不同的。……（对知识分子思想改造运动）我父亲这样的"老"党员则是拼命跟上，努力理解，比党外知识分子更认真地进行思想改造。但是运动过去之后还是照自己认为正确的去做。

2. 就任商务印书馆总编辑

1957 年 11 月，中央有一个抽调党员一万人支援高等院校的通知，当时的中宣部点了四个人，其中一人是陈翰伯。陈翰伯一直与母校（燕京大学 1952 年合并到北京大学）新闻学系保持联系，在 1950 年至 1953 年培训新闻学员期间，每星期有一个晚上去兼课。北京大学新闻学系罗列听说此事后，找到陈翰伯，向他表示欢迎。陈翰伯在征得干部处同意后，也去北京大学和新闻学系谈过一次，说明他有意向去北京大学。除了北京大学，也酝酿过到天津南开大学担任领导职务。

此事很快出现变化，12 月底，在中宣部一次会议中途休息的几分钟，副部长周扬把陈翰伯叫到一旁，让他去商务印书馆工作，周扬告诉他，商务印书馆要改组，专门出版外国古今学术著作，"油水大得很"。所谓"油水大得很"，跟今天的语义风马牛不相及，与物质财富毫无关系，是指"计划很大"，可以大有作为。休会时间有限，周扬让陈翰伯找新闻出版处处长包之静①详谈。其实商务印书馆总编辑的人选就是包之静推荐的，包之静详细地向他介绍中宣部主持的出版社改组计划：商务印书馆将从高等教育出版社分出来，合并时代出版社，任务是翻译出版外国古今学术著作，兼出中外文工具书。陈翰伯与理论宣传处的同事们谈论自己的去处，多数人觉得他还是应该到高等学校工作。陈翰伯考虑再三，去找包之静，却扑了个空，便留了张纸条，表示不去商务印书馆。次年初，包之静找陈翰伯做工作，他说周扬已经和别的副部长商量过，大家已同意他去商务印书馆，干部处也同意，再说到商务也是支援文教战线。在组织已经决定的情况下，陈翰伯服从组织安排，同意到商务印书馆工作。②

到高校工作的意愿最终泡汤，他这颗螺丝钉被拧到了商务印书馆总编辑的位置上。就他个人来讲，这意味着远离了他熟悉和喜欢的国际时事与国际关系研究领域。他在《自拟小传》中感叹自己"于学问上毫无专长，在事业上也无建树"。一般解读为这是他的自谦之语，这固然不错，可笔者觉得他的感叹里也许还包含着遗憾。这是陈翰伯人生的一次重要转折，由此出版界诞生了一个卓越出版家，而学界失

---

① 包之静，江苏苏州人。1930年夏考入上海东南医科大学，后转入复旦大学。1931年参加中国共产主义青年团。1938年加入中国共产党，并进入解放区。曾任《前锋报》、《淮南日报》社社长等职。1945年后，先后任华中新华通讯社、《新华日报》社副社长、山东《大众日报》社社长等职。1954年任中宣部新闻出版处处长。

② 参见陈翰伯：《从小读者到老编辑》，载《陈翰伯出版文集》，中国书籍出版社1995年版，第149页。

去了一名优秀学者。

对陈翰伯来说，1958年春是一个不寻常的春天，他人生的转折依托着一个宏大的时代背景。这时，反右运动趋于收尾，全国性的"大跃进"运动轰轰烈烈地开展起来。工业、农业的"大跃进"带给中国的是经济灾难，这是众所周知的事实。而出版界的"大跃进"尽管也有这样那样的问题，但主流是商务印书馆、中华书局等老招牌重新树起，发展了自己的专业品牌，中国的图书出版事业由此得以复苏，毛泽东主席"历史名字要保存，商务印书馆、中华书局的名字为什么不要"①的讲话结出了硕果，20世纪50年代到70年代思想学术的荒漠中总算保留了一片绿洲。这些都与知识精英们的经验、理性和良知坚守分不开。

1958年3月，陈翰伯和包之静一起到上海参加了出版界跃进会议，他到商务印书馆工作已成定局，此前已有任命。回北京后，3月28日，陈翰伯正式到任。当年7月，商务总经理郭敬调任北京市出版局局长，陈翰伯身兼总经理、总编辑二职，成为商务印书馆名副其实的一把手。

基于共事五年对陈翰伯的深入了解，于光远知道陈翰伯适合并有能力担当这份工作。

诚如于光远所说，商务印书馆是知识分子心目中一块响当当的老招牌。1897年，26岁的夏瑞芳集资在上海江西路创办了一家印书作坊，取名为商务印书馆。它创立不久就成立股份公司，成为中国人自办的第一家现代出版机构。1901年，以"辅助教育为己任"的张元济投

---

① 毛泽东：《同民建和工商联负责人的谈话》，1956年12月7日，此文载于《毛泽东文集》第七卷，人民出版社1999年版。

资商务印书馆，并主持该馆编译工作，被尊为商务品牌的奠基者。在张元济、夏瑞芳等人的苦心经营下，十余年间，商务印书馆由一个小印书作坊发展成中国出版业第一品牌，无论是印刷技术还是出版数量、质量都处于领先地位。商务先后延请高梦旦、王云五等一大批杰出人才，开展以出版为中心的多种经营，实力迅速壮大。极盛时期，有员工五千多人，在海内外设有分馆 36 个，成为当时亚洲最大的出版机构。

作为一个庞大的出版机构，商务出版物涉及各领域、各层面：其一，大力引进西学，热心西方名著的翻译，其出版的《天演论》、《国富论》等西方学术著作名扬天下；其二，注重保存古籍，弘扬传统文化，组织整理刊印了以《四部丛刊》为代表的大型古籍丛书；其三，组织编纂大型工具书，出版了以《辞源》为代表的大型汉语词典，以《中国古今地名大辞典》为代表的各种专科辞典；其四，编辑出版了"万有文库"、"大学丛书"等大型系列图书；其五，编辑发行各类杂志，涵盖教育、文化、历史、文学、科学、经济、时政、妇女、儿童等多个领域，其中，《东方杂志》、《教育杂志》、《小说月报》、《妇女杂志》、《儿童世界》等影响极大；其六，教科书方面，商务配套出版的大、中、小学教科书以其高品质深受教育界欢迎。商务出版物曾以品类多、品质高在社会各界享有盛誉，吸引着大批有名的学者、作家为其创造产品，这些产品孕育并滋养着中国近现代知识分子群体。

陈翰伯也深受商务出版物的滋养，他一辈子都记得商务印书馆《儿童世界》、《少年》杂志带给他少年时的快乐和营养；记得小学、中学读的多是商务印书馆出版的教科书；也记得从上海回到阔别十二年多的老家时行李箱中的商务版图书。① 如今，44 岁正值盛年的陈翰伯需要回报商务印书馆的滋养了。

但是，陈翰伯接手的商务印书馆已不同于往日。商务印书馆从事馆史资料工作的张稷认为："商务印书馆以 1954 年迁京为分水岭，一个是之前的上海商务印书馆，一个是之后的北京商务印书馆。它们之间既有着血统的传承，又有着明显的区别。"② 笔者认为二者最本质的区别是所有制的不同：一个是资本主义股份制公司的商务印书馆，一个是社会主义公有制文化机构的商务印书馆。经过战争炮火的袭击、同业竞争的某些失误、政权更替和公私合营等一系列大事件，商务印书馆早已非盛时。1954 年初公私合营后的商务印书馆，与高教部教材编审处组成高等教育出版社，招牌虽还保留，但以商务印书馆招牌出的书很少，只是少量的古籍书和科技图书。这种情况下，商务印书馆几乎淡出了人们的视线，老招牌已失去了昔日的光华。它就像一艘搁浅多年的船，需要一个高水平船长来掌舵重新起航，接续它的文脉。这个人必须有强烈的事业心和责任感，必须有执着的文化追求和文化境界，要像珍惜个人的声誉一样珍爱这个品牌；这个人还必须认真严谨，不惜心力，勇于担当，善于沟通协调，遇到难题能够隐忍迂回……如此才能处理好各种繁杂事务，并妥善应对复杂的政治环境，使商务印书馆这条船在新制度这一波涛汹涌的大海中正常运行，重现品牌光彩。中宣部周扬、包之静、于光远等人可以说有识人之明，陈翰伯正是这样一个人。

---

① 陈翰伯：《从小读者到老编辑》，载《陈翰伯出版文集》，中国书籍出版社 1995 年版，第 148 页。

② 张稷：《北京商务印书馆的奠基人——陈翰伯》，《新华文摘》2008 年第 6 期。

二、外国哲学社会科学著作的翻译出版

新商务要起航，当然是国家的计划。可怎样起航？怎样运行？运行的怎样？则取决于船长的信念和水平。根据商务印书馆1997年出版的《商务印书馆百年大事记》的记载，中央批准商务印书馆的独立建制方案，给商务定的出版任务是"翻译资本主义国家的哲学、社会科学、自然科学方面的著作为主，并出版中外文的语文辞书。"对这一出版任务，中宣部副部长周扬轻松幽默地称为搞"洋务"。这一"洋务"工作激发了陈翰伯的雄心，他说："我曾扬言要在一二年内让学术界通通知道商务印书馆是出版这种书的。"①

话说起来容易，关键要看落实。陈翰伯不是空谈者，而是一个实干家，他抓落实不遗余力。首先要解决的问题有三个：

一是要有个符合意识形态建设需要的可操作的出书计划，确保商务顺利起航；

二是要有足够的编辑力量，相对于承担的任务，现有编辑力量太弱；

三是要有一个高质量的译作者队伍。

几大问题都关乎新商务招牌能否响亮起来，难分主次先后，陈翰伯对三项工作齐抓并进。

---

① 陈翰伯写于1967年3月26日的"综合交代和初步检查"。

1. 制定短期、中长期出书计划

"翻译资本主义国家的哲学、社会科学、自然科学方面的著作"只是上级笼统规定的任务，具体该翻译出版哪些书？必须拿出具体计划，不能随心所欲。与中华书局相比，商务在这方面有劣势，因为1958年初，国务院科学规划委员会专门成立了"古籍整理规划小组"，这是中华书局出版古籍的"靠山"。商务缺少类似的"靠山"，上级计划成立"世界学术著作翻译和出版规划小组"只有酝酿没有结果。①陈翰伯说：

> 在商务，我们也打算成立一个外书翻译规划的领导小组，周扬同志曾让我去请沈雁冰同志担任这个工作，我就去拜访了当时的文化部部长沈雁冰，他对我讲："我是写小说的，弄弄文学还可以，这个政治、经济学和哲学，我不懂，我没法担任。"后来，周扬同志又让我找中国科学院哲学社会科学部副主任潘梓年和张友渔，他们两人答应给我一些帮助，有些有关的会议让我参加，但是也没有把那个规划领导小组组织起来。我非常羡慕金

---

① 1958年2月15日，中央宣传部向中央写了关于重新安排商务印书馆和中华书局的工作任务、调整机构和人事配备问题的报告，提出拟以中华书局为主要出版我国古籍的出版机构，以商务印书馆为主要出版世界学术著作的出版机构。这两个出版机构行政上仍隶属于文化部，今后在出版方针和出版计划方面应同时受国务院科学规划委员会下属的古籍整理和出版规划小组以及准备成立的世界学术著作翻译和出版规划小组的指导。2月19日，胡乔木在中央宣传部的报告上批示"拟同意"；又经邓小平、彭真审阅同意。

灿然①，中华书局搞成功了，我这里得到的支持较少，工作比较困难。②

也许"世界学术著作翻译和出版规划小组"是个烫手山芋，谁也不愿沾；也许还有难以言说的更复杂的原因，反正这个规划小组最终没有成立。不过，陈翰伯也没有白跑，总算弄到一份外国学术著作翻译规划的书目。这个书目是三联书店搞的，原来早在 1954 年，介绍世界古典的和近代的思想、著作就在中宣部主持下列入了国家规划。中华人民共和国第一代文化、宣传部门的掌门人雄心勃勃，要将外国文化遗产特别是资产阶级上升时期的思想、学说介绍到中国，依据是中国资产阶级不够强大，没有完成介绍外国文化遗产的任务，所以无产阶级就只能自己去完成。文化部负责执行这一计划，让三联书店牵头，由全国 9 个有关出版社一起来搞。三联书店在陈原主持下，由史枚具体操刀，将全国学术界各学科专家学者提出的书目，按学科分门别类汇总成《外国名著选译十二年（1956—1968）规划总目录》，共收书 1614 种，学科包括哲学、经济学、政治学、法学、历史学、社会主义各派学说和国际关系等 7 大类。③ 这个规划是用蓝纸印的，所以被称作"蓝皮书"，所列书目原计划由各大出版社按专业分头认领

---

① 金灿然，1936 年考入北京大学历史系，1938 年 4 月肄业后到延安。1958 年中华书局改组为整理出版古籍和当代学者文史哲研究著作的专业出版社，金灿然任国务院古籍整理出版规划小组成员兼办公室主任、中华书局总经理兼总编辑。

② 陈翰伯：《从小读者到老编辑》，载《陈翰伯出版文集》，中国书籍出版社 1995 年版，第 150 页。

③ 参见许力以：《一位胸怀坦诚的共产党员——陈翰伯现在还在吗?》，《出版发行研究》2001 年第 7 期。

翻译。陈原再三告诫编辑们，只要是马恩列斯肯定过的、批判过的，都可以出，便于大家研究马列主义。但种种原因，"蓝皮书"几乎被束之高阁，闲置数年。

陈翰伯对"蓝皮书"如获至宝。可是本来准备由9个出版社共同承担的庞大计划，该从哪里入手？应该先出哪些书？有什么理由？谁是合适的翻译者？一系列具体问题接踵而至。既然成立"世界学术著作翻译和出版规划小组"无果，陈翰伯只好立即自己跑腿向学术界讨教。他说：

> 1958年初，我曾分头到科学院各有关研究所和人大、北大有关各系找过一些人，向他们说明商务印书馆承担的出版任务，并向他们征询意见。①

接下来的一两年内，陈翰伯参加各种相关学术会议，遍访北京、上海等地的专家学者，征求他们对书目的意见。陈翰伯回忆道：

> （我）到北京大学、人民大学几个有关系里向一些学者、专家请教，如贺麟、郑昕、洪谦、苗力田等同志。后来我参加过文科教材会议，我在这个会议上又拜访了很多人，向他们求教，请他们提选题，出主意。②

---

① 陈翰伯写于1967年3月26日的"综合交代和初步检查"。
② 陈翰伯：《从小读者到老编辑》，载《陈翰伯出版文集》，中国书籍出版社1995年版，第150页。

陈翰伯有一本称为《上海杂记》的工作笔记，记录了1959年4月在上海经济学界会议期间的活动。当时有上海、天津、山东、安徽、武汉、厦门、广州、西安等地的学者参会。陈翰伯特意赶去进行会外活动，访问各位学者。工作笔记中记录了他的一些活动线索：

"上海工作初步计划"写道："复旦大学哲学系，经济系，马列主义，法律，历史，中国文学系，外国语系。华东师大中文、外文、社会科学各系。社会科学院社会科学各系。外国语学院有一个翻译室。"①

4月8日晚"未完事项排队"写道："本楼：姚耐、王亚南、李铁民；访问：华东师大常溪萍、社会科学院曹未风、宋原放、孙立功；开会：市委宣传部、董事、写稿人。"②

从4月7日至13日上午，记录访问内容的有：复旦大学，武汉大学的张福秋，南开的谷书堂，上海人民出版社副总编辑巢峰，上社翻译室邱正衡，复大外文系，上海发行所孙立功、王亚南、朱剑农、曹未风，上海文史馆，外国社科论文文摘社周熙良。

13日下午的记录是：拜访杭大外语系蒋忠全、地理系徐松年、历史系胡玉堂，以及文化局许钦文等人。他记录的13日下午内容还有：中共上海市委宣传部帮助他召开座谈会，会上华东师大徐怀启教授谈到商务要承担的任务之难："这个任务最麻烦。我审了一本伏尔泰的

---

① 陈翰伯：《上海杂记》，第3页。转引自汪家熔：《忆商务印书馆的陈翰伯时期》，商务印书馆官网。

② 陈翰伯：《上海杂记》，第3页。转引自汪家熔：《忆商务印书馆的陈翰伯时期》，商务印书馆官网。

书（译稿），伏尔泰讲英国，用的是法文。艰难。改起来很不好办。"[①]

对全国各学科专家的广泛请教，加上自己的理论素养和深入思考，陈翰伯对商务印书馆的外译图书出版思路逐渐清晰起来。

除了抓住一切机会求教于专家，陈翰伯还尽快将馆内编辑力量抓起来，他说：

> 在编辑部里，我抓了马清槐、陈兆福几位同志，把选目上列的书名，一一查出原文书名，想不到这样一件看起来简单的事，做起来，工作量也不小。做好这一步，我又组织编辑部高菘、骆静兰和胡企林几位同志从学科上对书目做一些遴选，把以16世纪到19世纪上半叶，西方资产阶级上升时期的一些哲学、社会科学重要著作，作为优先组译的书目，其中多以马克思主义三个来源有关的著作作为重点，就这样，我们自己的翻译出版规划，总算弄出来了，以后不断修订补充，几年之中都是根据这个规划进行工作。[②]

陈翰伯费尽心力，集思广益，最终提出了一个选目的方针性意见，即：以16世纪至19世纪上半叶西方资产阶级上升时期的学术著作作为先期编译的项目。从中再划出马克思主义三个来源的德国古典哲学、英国古典政治经济学和法国空想社会主义三部分著作作为重

---

① 陈翰伯：《上海杂记》，第29页。转引自汪家熔：《忆商务印书馆的陈翰伯时期》，商务印书馆官网。

② 陈翰伯：《从小读者到老编辑》，载《陈翰伯出版文集》，中国书籍出版社1995年版，第150—151页。

点。这个意见颇有政治高度和政策水平，很快得到了上级的批准，商务印书馆顺利起航。

随着短期计划的实施及对各方面阅读需要的进一步深入调查，制订中长期计划又提上了日程。1950 年即入职商务印书馆的林尔蔚先生回忆：1962 年，陈翰伯主持编制了一个翻译出版外国哲学社会科学重要著作的《十年规划（1962—1972）》草案。这个规划曾在学术界中广为散发。一方面请专家学者就书目得当与否提出建议，另一方面请学术界人士继续"认译"，或推荐翻译人选。一千多种，分为哲学、经济、社会主义学派、政治学、法学、语言、历史、地理、国际关系等九类。①1963 年，正式形成《翻译和出版外国哲学、社会科学重点著作十年（1963—1973）规划》。陈翰伯说：

> 起初，我以三联书店的一个规划作底子，以后几次修订，门类越来越多，数量越来越大。②

短期规划和中长期规划的大力推进，为 20 世纪 80 年代后商务印书馆名牌图书《汉译世界名著学术丛书》奠定了基础。

2. 充实编辑力量，提高编辑水平

陈翰伯刚接手商务工作时，馆内外译著作编辑力量薄弱。原商务印书馆业务萎缩，没剩多少编辑。编辑人才主要是随时代出版社合

---

① 张稷：《我在商务一辈子——林尔蔚访谈录》，《中华读书报》2013 年 1 月 9 日。

② 陈翰伯写于 1967 年 3 月 26 日的"综合交代和初步检查"。

并进来的，新中国成立初期，与"学习苏联"的政治形势相一致，时代出版社的任务是介绍苏联和出版俄语词典、读物，主要有一批熟练的俄文译者和编辑。还有一些编辑人员来自上海新知识出版社地理编辑室的并入。与承担的任务相比较，独立建制的新商务编辑力量明显太弱。陈翰伯主持商务后，先后引进不少人以充实编辑力量。陈翰伯说，先后有七十多名工作人员经他同意进入商务印书馆，他们有的是分配来的大学毕业生和归国留学生；有的是从相关单位转调来的编、译专业人员；还有不少是受到社会歧视的"右派"，他们或有外语水平，或有编译经验，如方生，原在外交部情报司工作；周川，原在外文出版社工作，他们被划为右派分子下放农场劳动，1960年前后进入商务印书馆。陈翰伯还挑选了进行劳动改造的北京大学外语专业的数名"右派"大学生入馆做校对工作，当时他们都没有摘帽，陈翰伯认为他们还年轻，还可以改造。①

林尔蔚参加了招聘工作，他回忆说：

> 翰伯就是叫我去收罗编辑人员，后来还有人因此批判我。当时北京大学的学生到北大荒劳动后要回来，陈翰伯就叫我把他们招来，就是陈应年这一批，我记得有四个。另外还从社科院又要来了一批。②

陈翰伯的业务标准很高，对于翻译出版政治、学术书籍，他觉得自己不够内行。其实他早在20世纪40年代担任过中外出版社的编

---

① 参见陈翰伯写于1968年5月5日、7日、10日的交代材料"关于引进干部的情况"。
② 张稷：《我在商务一辈子——林尔蔚访谈录》，《中华读书报》2013年1月9日。

辑工作。中外出版社由孙伏园、刘尊棋等创办，其中孙伏园曾因主编《晨报》副刊刊登过鲁迅的《阿Q正传》而出名，在重庆是文化界名流。刘尊棋等人利用在美国新闻处的工作之便，挑选一些外国书自己翻译或请人翻译。草创中的中外出版社规模极小，总共七八人，大都是兼职。陈翰伯在这里干过兼职也干过专职，专职期间，编辑工作往往只有他一个人干。除了编译，还收过账，卖过书。笔者在国家数字图书馆查到的重庆中外出版社出版的书有：1943年的《美国名将剪影》、《联合国概观》、《太平洋战争第一年》、《天下一家》等；1944年的《逃出巴尔干》；1945年的《二次世界大战简史》、《勇士们》、《一九四四年的世界》、《我的国家》等；1946年的《第二次世界大战》。由此可见，陈翰伯对图书出版算是内行。不过中外出版社毕竟是个私有小出版社，社会环境、运营方式、业务规模等诸多方面，都不能与公有制的商务印书馆相比。许力以[①]回忆说："翰伯到商务印书馆之后，劲头十足。他和我经常保持联系，他对我说，他要搞洋务了，要从头学起。"[②]对于肩上的担子，陈翰伯心怀忐忑，努力补课，他说：

> 我自知这方面底子还很差，马列主义基础也不行，怎么办呢？我想了个注意，读四史。这四史我指的是"洋"四史：世界通史、西方哲学史、经济学说史、政治思想史。我立刻啃起这几本书来了。我这么啃书，竟然带动编辑部的同志也都啃起来，对

[①]　许力以，广东人。曾任中共中央宣传部出版处副处长、国家出版局副局长，中国出版工作者协会第一、二届副主席，中共中央宣传部出版局局长，《汉语大词典》工作委员会主任，《编辑与出版》丛书主编等职。

[②]　许力以：《一位胸怀坦诚的共产党员——陈翰伯现在还在吗？》，《出版发行研究》2001年第7期。

以后大家熟悉业务，倒是起了点作用。①

陈翰伯注意培养高水平编辑，他除了提倡并带头读"四史"外，也提倡年轻编辑读书、练笔，他认为一个编辑自己学识不够，笔头不硬，很难编好稿件。他要求年轻编辑每月要填读书表，互相传阅，交流读书情况。他很爱惜人才，他说："商务是知识分子成堆的地方。我对他们十分器重。""对年轻人，我鼓励他们读书，钻研业务，学好外文。"②

3. 开门办社，挖掘译作力量

陈翰伯曾说：

> 我一向主张编辑干部要参加学术组织，学术会议。……我多年来也宣扬过"开门办社"，要走到社会上去。③

如前所述，商务出版规划的制订，得益于"开门办社"，得益于广泛地向全国各领域专家学者请教；而落实出版规划，也同样离不开"开门办社"、离不开全国各领域的专家学者提供稿件。高崧回忆说：陈翰伯借用老商务的传统说法，称著译家是出版社的"衣食父母"，他在编

---

① 陈翰伯：《从小读者到老编辑》，载《陈翰伯出版文集》，中国书籍出版社 1995 年版，第 149—150 页。
② 陈翰伯写于 1967 年 3 月 26 日的"综合交代和初步检查"。
③ 陈翰伯写于 1967 年 3 月 26 日的"综合交代和初步检查"。

辑部提倡编辑要和著译者交朋友，从众多著译者中遴选最适合承担的对象，只要组稿对路，译稿的质量是有保证的。他反对编辑坐在家里等稿子，反对编辑像语文教员一样把稿子改得满篇红，强调要尊重著译者的风格，在文风上不强求一律。遇到问题，要和著译者多商量，不可强加于人。写书过程中，编辑要经常拜访作者，不是单纯地嘘寒问暖，而是要探讨一些问题，编辑部有什么意见和要求，通过交流可及时传达给著译者，这样不仅编辑和著译者的关系融洽，而且交稿以后，编辑已相当了解译著情况，审稿的进度就可以大大加快。①

陈翰伯译过书，也写过书，深知著译者的辛苦，所以他很尊重著译者的劳动，尤其是对高质量的作品，尽可能在稿费上有所体现。1959年，社会上盛行"共产主义风格"，提倡著译家写书译书不要稿费，这显然是对作者劳动的不尊重，不利于繁荣创作。一两年后，重新恢复了稿酬制度，但标准定得很低，稿酬微薄，编辑们担心被指责搞资产阶级法权，不敢按高档付酬。陈翰伯为编辑们撑腰，要他们"高抬贵手"，尽可能按高档付稿酬，他说："那么难译的东西，又都是下班译的，总得让人泡杯茶、吃块点心。"② 当时采用预付稿酬的办法，一经和著译者签订合同就可预支一定比例稿费。编辑部怕人议论，也怕出版社开支过大，不敢广泛约稿，有点束手束脚，陈翰伯就开导编辑们：编辑部的存稿库好像"水库"，"水库"里要经常保持一定的储水量，不可使之干涸，编辑部要广开稿源，才有更大的选择余地。

① 参见高崧：《青春办报 皓首出书——纪念陈翰伯从事新闻出版工作五十周年》，载《陈翰伯出版文集》，中国书籍出版社1995年版，第186页。
② 汪家熔：《忆商务印书馆的陈翰伯时期》，商务印书馆官网。

4."文革"前商务出版的外国著作

服从于执政党构建马克思主义意识形态的政治需要，独立建置后的商务印书馆首先重点翻译出版与马克思主义三个来源有关的著作，这对新商务顺利启动有着保驾护航的作用。陈翰伯说："最初的两三年内，我们的方针是以古典著作为主，比如写马克思主义三个来源有关的著作，资本主义国家启蒙时代的著作等等。"1961年4月中旬，中宣部召开高等学校文科教材编选计划会议；后来政治领域中苏论战，挖修正主义"老坟"，追踪修正主义的资产阶级根源。显然，仅限于出版古典书，已不能满足教育领域、学术领域、政治领域的需要。在这种情况下，西方近现代学术著作大量纳入商务的翻译出版书目中。陈翰伯说："这时，我提出来的方针是古今并重。"①"古今并重"当然更符合文化传播规律，并有利于繁荣发展共和国的文化事业。

根据商务印书馆官网公布的大事记，从1958年陈翰伯主持商务起到1966年"文革"爆发，商务印书馆出版的名著有：

1958年，出版水天同译的《培根论说文集》（[英] 培根著）；王荫庭等译的《笛卡尔哲学原理》（[荷]斯宾诺莎著）；贺麟译的《伦理学》（[荷] 斯宾诺莎著）；群力译的《劝学篇》（[日] 福泽谕吉著）；何宁译的《论出版自由》、《为英国人民声辩》（[英] 弥尔顿著）。

1959年，出版吴寿彭译的《形而上学》、《范畴篇·解释篇》、《雅典政制》（[古希腊] 亚里士多德著）；方书春译的《物性论》（[古罗马]卢克莱修著）；黄建华等译的《自然法典》（[法] 摩莱里著）；李原译

① 陈翰伯写于1967年3月26日的"综合交代和初步检查"。

的《科学中华而不实的作风》（[俄]赫尔岑著）；袁贤能译的《对劳动的迫害及其救治力量》（[英]勃雷著）；马雍等译的《阿古利可拉传·日耳曼尼志》（[古罗马]塔西佗著）；顾寿观译的《人是机器》（[法]拉·梅特里著）；王以铸译的《希罗多德历史》（[古希腊]希罗多德著）；戴镏龄译的《乌托邦》（[英]莫尔著）；程崇华译的《论自由》（[英]密尔著）；沈景一译的《古代法》（[英]梅因著）；蔡受百等译的《利息与价格》（[瑞典]魏克赛尔著）；关文运译的《人类理解论》（[英]洛克著）；江天骥等译的《狄德罗哲学选集》。

1960 年，出版孙则明译的《和谐与自由的保证》（[德]魏特林著）；陈冬野译的《政治算术》（[英]配第著）；何清新译的《马布利选集》；谢德风译的《伯罗奔尼撒战争史》（[古希腊]修昔底德著）；陈大维等译的《太阳城》（[意]康帕内拉著）；徐式谷译的《笛福文选》。

1961 年，张伯健等译的《经济论·雅典的收入》（[古希腊]色诺芬著）；南开大学经济系经济学说史教研组译的《关于财富的形成和分配的考察》（[法]杜阁著）；陈万煦译的《政治经济学的国民体系》（[德]李斯特著）；何新译的《大洋国》（[英]哈林顿著）；张雁深译的《论法的精神》（[法]孟德斯鸠著）；陈太先等译的《遗书》（[法]梅叶著）；范扬等译的《法哲学原理》（[德]黑格尔著）。

1962 年，出版郭英译的《逻辑哲学论》（[奥]维特根斯坦著）；陈修斋、曹棉之译的《自然宗教对话录》（[英]休谟著）；何新译的《论降低利息和提高货币价值的后果》（[英]洛克著）；陈福生、陈振骅译的《亚当·斯密关于法律、警察、岁入及军备的演讲》（[英]坎南编）；薛蕃康译的《价值与资本》（[英]希克斯著）；梅溪译的《巴贝夫文选》（[法]G.韦耶德、C.韦耶德合编）；婉玲译的《罗马盛衰原因论》（[法] 孟德斯鸠著）；何钦译的《劳动组织》（[法] 勃朗著）；李常山译的《论人类不平等的起源和基础》（[法] 卢梭著）；于树生译的《制度经济学》（[美] 康芒斯著）；郭大力等译的《政治经济学及赋税原理》（[美] 大卫·李嘉图著）。

1963 年，出版庞景仁译的《对笛卡尔〈沉思〉的诘难》（[法] 伽森狄著）；黎樵译的《地理学性质的透视》（[美] 哈特向著）；严群译的《泰阿泰德·智术之师》（[古希腊] 柏拉图著）；周士良译的《忏悔录》（[古罗马] 奥古斯丁著）；何兆武等译的《西方哲学史》上卷（[英] 罗素著）；马清槐译的《阿奎那政治著作选》；陈太先译的《皮佑选集》；张草纫译的《人类幸福论》（[英] 格雷著）；马采译的《社会主义神髓》（[日] 幸德秋水著）；何兆武译的《社会契约论》（[法] 卢梭著）；李平沤译的《互助论》（[俄] 克鲁泡特金著）；陈福生等译的《政治经济学概论》（[法] 萨伊著）；巫宝三译的《用商品生产商品》（[英] 斯拉法著）；徐毓枬译的《就业利息和货币通论》（[英] 凯恩斯著）；钟淦恩译的《货币均衡论》（[瑞典] 米尔达尔著）；周建人、叶笃庄、方宗熙译的《物种起源》（[英] 达尔文著）；季陶达主编的《资产阶级庸俗政治经济学选辑》；孙署冰译的《什么是所有权》（[法] 蒲鲁东著）；温锡增译的《神学政治论》（[荷] 斯宾诺莎著）；林天斗等译的《回顾》（[美] 贝拉米著）。

1964 年，出版何钦译的《政治经济学新原理》（[瑞士] 西斯蒙第著）；叶启芳等译的《政府论》（[英] 洛克著）；管士滨译的《自然的体系》（[法] 霍尔巴赫著）；傅统先译的《自由与文化》（[美] 杜威著）；周锦如译的《爱尔兰的政治解剖》（[英] 配第著）；蔡受百译的《有闲阶级论》（[美] 凡勃伦著）；陈端译的《资本实证论》（[奥]

庞巴维克著）；朱志泰译的《政治经济学原理》（［英］ 马歇尔著）；姚曾廙译的《现代英国经济史》（［英］ 克拉潘著）。

1965 年出版王亚南主编的《资产阶级古典政治经济学选辑》；赵涵舆译的《革命法制和审判》（［法］ 罗伯斯比尔著）；任国栋译的《温斯坦莱文选》；何倩译的《善的研究》（［日］ 西田几多郎著）；吴寿彭译的《政治学》（［古希腊］ 亚里士多德著）；袁南宇译的《英国得自对外贸易的财富》（［英］ 托马斯·孟著）。

1964 和 1965 两年，商务印书馆干部分两批被派到地方参加"四清"运动①，第一批七十多人，第二批八十多人，影响到正常出书。

1966 年，"文革"爆发，出版的书基本是前半年的，名著有周辅成主编的《从文艺复兴到十九世纪西方资产阶级哲学家、政治思想家有关人道主义、人性论言论选辑》；王荫庭译的《健全的思想》（［法］霍尔巴赫著）；杨一之译的《逻辑学》（上卷）（［德］ 黑格尔著）。②

从 1958 年到 1966 年，陈翰伯掌舵商务印书馆八年，就当时的条件来说，图书出版数量相当可观，八年之中，经他批准出版的书籍有五六百种。③

汪家熔先生是随时代出版社合并而进入商务印书馆的，他长期热心馆史研究，根据他的统计，陈翰伯主持商务期间，外国哲学、社会科学翻译著作，属于名著范围的有 395 种（同一书名的多卷集不论册

---

① "四清"运动是指 1963 年至 1966 年，中共中央在全国城乡开展的社会主义教育运动。运动的内容，一开始在农村中是"清工分，清账目，清仓库和清财物"，后期在城乡中表现为"清思想，清政治，清组织和清经济"。运动期间中央领导亲自挂帅，数百万干部下乡下厂开展运动；在城市中是"反贪污行贿，反投机倒把，反铺张浪费，反分散主义"。

② 以上参见商务印书馆官网"大事记"。

③ 陈翰伯写于 1967 年 3 月 26 日的"综合交代和初步检查"。

数多少，概算一种）。其中，哲学及哲学史著作118种，经济学著作118种，政治学著作93种，历史著作66种。地理学著作未计在内。另外，未及出版的书在"文革"前已达七八千万字，如果以20万字一本计算，又是近400种。

经济学方面，"文革"前出版西方现代经济学各流派的著作66种。20世纪30年代开始，西方资本主义国家盛行凯恩斯主义，商务重点翻译出版了凯恩斯主义的著作，如凯恩斯、汉森的著作及相关诠释性著作；凯恩斯主义的两个分支：以萨缪尔森为首的后凯恩斯主流经济学派的著作，以琼·罗宾逊为首的新剑桥学派的著作。与凯恩斯主义相对立的学派，如哈耶克等人的著作也有出版。另外，因批判"新人口论"的需要，马尔萨斯的著作出版了13种之多。

政治学方面，不算大量提供给中央理论小组的，就有93种。其中空想主义著作最多，有42种。圣西门、傅立叶、欧文的都是多卷本选集。空想社会主义著作之所以占如此大的比重，既与"大跃进"时代举国上下憧憬共产主义有关，也与商务印书馆的实际情况有关。从20世纪30年代到50年代，苏联科学院从法文文献中发掘、整理了法国空想社会主义作家的著作，出版了一套《社会主义先驱者丛书》，当时商务俄文人才很多，便以此为母本进行了翻译出版。

自然科学方面，量子论、量子力学、相对论、核物理等现代自然科学理论，对人类生活产生了极大影响，但此类出版物在新中国成立前很少见。商务在20世纪60年代初进行了系统组稿，并出版数种。"二战"中系统论、控制论问世后，一直被苏联学术界斥之为伪科学，商务也进行组稿，并在1965年出版了一部控制论译文集，其余在"文革"结束后得以陆续出版。以上这些自然科学和交叉科学理论著作，在 1966 年前共出版 18 种。有些已发排在校的，如三卷本《爱因斯坦文集》等等已在校对，因运动而停止，未计在内。[①]

在当时的社会环境中，已有丰富阅历的陈翰伯对出版的政治风险还是有充分认识的。他在充分调研的基础上，确定首先出版马克思主义三个来源的相关著作，即体现了他的处事审慎和政治敏感。可两三年后，实际出版的书已远远超出"马克思主义的三个来源"等古典书，商务印书馆将出版方针由偏重古典调整为"古今并重"。对于商务印书馆的出版物，文化部和中宣部本来都无异议，副部长周扬对商务翻译出版外国学术著作始终持鼓励、支持态度，他认为翻译出版西方当代书是知己知彼的需要。陈翰伯说：

> 周扬在大小会议上的"报告"、"讲话"，我都十分欣赏，按照规定范围一一传达，而且每次都加上我自己的看法，要干部去细心体会、掌握，并考虑在本单位贯彻执行。周扬对商务印书馆的具体"指示"不算多，我也很少向他"请示"……绝大部分的事情，都是我体会了他的精神，由我"发明"、"创造"的。[②]

然而，在一个一切都重生再造的时代，文化、学术及出版领域，始终交织着两种对立的力量：一是文化传播规律要求的思想自主、多元的学术意志和文化实践；一是"反右"、"反修防修"等"左"倾意识形态下对"异己"的打压。1962 年 9 月的中共八届十中全会，敲响了"千万不要忘记阶级斗争"的警钟。

---

① 参见汪家熔：《忆商务印书馆的陈翰伯时期》，商务印书馆官网。
② 陈翰伯写于 1967 年 3 月 26 日的"综合交代和初步检查"。

陈翰伯对上级的批评一言不发，也许这是他做地下工作时养成的习惯，地下工作的组织纪律要求他绝不随便议论上级的指示，所以他在出版工作中也是一如既往。为了顺利落实出版计划，又不违逆政治形势，陈翰伯接受领导批评，思考解决办法，他主要采取了两种办法，一是自办发行；二是写批判性序言。

关于自办发行，陈翰伯说：

1959 年，我曾有自办发行的念头，也曾和新华书店北京总发行所在一起开过会。……

1961 年具体考虑自办发行时，曾在领导机构中讨论过。……以后，发行科成立，我出的主意是把发往全国的书一律收回，作为第一批货源，我以后还查询过收书的情况，并不断催办此事。第二批的货源就是我馆以后出的新书。最初只在几个城市（具体数字忘了）发售，而每一个城市只在一个中心门市部发行，是我出的主意。内部发行的书按名单发行，也可捎带着卖公开发行的书，读者可在我馆存款，按期结算等，也是我出的主意。……

我给张洪达（当时商务的发行科科长，作者注）总的精神是，让需要这类书的人有机会买到，不需要的人不要作为我们的发行对象。

以后从几个城市扩大到 33 个城市以及各省市按名单发行办法下放给新华书店等等，都是张洪达提出，经我同意的。[1]

---

[1] 陈翰伯写于 1966 年 9 月 8 日的材料之六。此材料是李辉先生提供的原件图片。

随着出书品种的增多，自办发行的办法也越来越精细，陈翰伯说：

> 大概是从 1960 年开始，这些书（指有政治风险的书）都由商务印书馆自办发行。后来由于出书品种渐多，内容庞杂，我又规定了一套繁复的发行办法，计分公开发行、控制发行、内部发行三种，而内部发行中又分甲、乙、丙三等。①

公开发行的书中包括一些苏联学者介绍西方思想的书，当时中苏交恶，出版此类书无疑有政治风险，陈翰伯以对待文化的宽容态度批准出版。他说：

> 有些苏联"学者"的东西根本不该翻译，不该出版，是我批准出版的。我的"理由"是苏联学者研究西方思想的"著作"，拿来看看也有"好处"。我又一次把学术和政治分了家。我认为苏联"学者"研究文化遗产的"著作"不一定是修正主义的……②

内部发行的书以"灰皮书"为代表，这类书根据中央领导的指示，由当时主管宣传工作的康生具体负责。"灰皮书"的情况许多人语焉不详，陈翰伯是为数不多的知情人之一，他说：

> 关于灰皮书的发行工作也是由办公室领导的。后来他们制定

① 陈翰伯写于 1967 年 3 月 26 日的"综合交代和初步检查"。
② 陈翰伯写于 1967 年 3 月 26 日的"综合交代和初步检查"。

一个发行原则。各出版社可根据这个原则，自己制定适合的发行办法。……

　　1962 年至 1963 年，灰皮书出得较多。1964 年大批干部参加"四清"后，有所停顿。1965 年春，包之静又召开过一次会，说是国际反修斗争的任务还未结束，翻译书的工作还要进行下去。但是，实际上以后出的书就不多了。[①]

内部发行图书的内封上，一般都印有"内部参考，不得外传"的字样，只有体制内的相关高层干部以及学术理论界的相关人物才能阅读。陈翰伯的材料中有一份"我所知道的某些书籍的翻译出版情况"，此材料主要依据商务 1965 年 4 月编印的《外国哲学社会科学书目》介绍每一本书的来历，其中有不少是"灰皮书"，如《苏联农业的社会化（集体农庄和国营农场的真相)》、《苏联的社会化农业计划和结果》、南斯拉夫的书十余种、《修正主义（马克思主义思想史论丛)》、《苏联和未来（对苏联共产党新纲领的分析)》、《美国共产主义运动的头十年》、《印度的共产主义运动》、《南斯拉夫和新共产主义（上下卷)》、《黄祸论》、《莫斯科和北京》等等。[②]

"灰皮书"是中苏论战的政治产物，邓小平曾说："从一九五七年第一次莫斯科会谈，到六十年代前半期，中苏两党展开了激烈的争论。我算是那场争论的当事人之一，扮演了不是无足轻重的角色。经

---

① 陈翰伯写于 1967 年 8 月 25 日的交代材料。
② 此交代材料写于 1967 年 8 月 24 日。

过二十多年的实践，回过头来看，双方都讲了许多空话。"① 这些未经公开发行的"灰皮书"虽然是满足政治需要，并有"不得外传"的提示，但实际上并不能完全避免扩散，而是在一个又一个小圈子里隐秘地传阅着，这在客观上为封闭状态中的人们打开了一个认识外部世界、了解不同观点的小窗口，它影响了不少知识分子和青年人，也间接地为中国后来的改革开放传达了某种信息。

批判性序言是陈翰伯应对政治责难的另一个发明创造，他把上级领导对序言工作的"要求"具体化为：

（1）说明这个作者；（2）说明这本书；（3）说明当时和后来的影响；（4）交代翻译工作中的事务性问题四点，就算完成了任务。在我工作的后半期，差不多就是这样处理序言工作的。②

高崧对此描述的更为详细，他说：

陈翰伯为了加强序言工作，在编辑部里抽出几个人组成序言组，专司其职。为给编辑部示范，陈翰伯自己动手写序，编辑部或译者写的序，他一定要亲自审定，决不轻易签发，遇有拿不准的，要把序稿打印若干份，四处请教，或请人来开讨论会，必要时还再送审，不可谓不谨慎周全。慢慢地对这些大、洋、古的书，究竟如何写批判性序言，摸出点经验来，陈翰伯分别从政治

---

① 邓小平：《结束过去，开辟未来》，1989 年 5 月 16 日，此文载于《邓小平文选》第三卷，人民出版社 1993 年版。

② 陈翰伯写于 1967 年 3 月 26 日的"综合交代和初步检查"。

上和业务上总结出几条要领。政治上的要领是三宽三严：即古典书从宽，当代书从严；学术问题从宽，政治性问题从严；内部发行书从宽，公开发行书从严。其实学术批判，一是一，二是二，实事求是，无所谓宽严，但在当时的形势下，一切都要讲个"政治挂帅"。业务上要求序文要包括如下四个内容：一是介绍其人其书，二是其书在当时的写作背景和作用，三是其书对后世的影响，四是版本源流。有此四条倒确实给读者阅读原著起一点指引作用。①

在当时的历史条件下，写批判性序言也许是保证一些政治敏感性图书出版的办法。对批判性序言，陈翰伯反对简单地"贴标签"，他说：

> 在处理序言的工作上，我反对简单地贴标签。你有一个什么学术观点，我就批评你的这个学术观点，而不是在政治上和他针锋相对，给予一针见血的批判。②

写批判性序言实在是无奈之举，陈翰伯尽量不使用。比如，1961年4月，中宣部召开了高等学校文科教材会议。教育部随后提倡学生多读课外书，商务分担了出版外语辅助读物的任务，陈翰伯说：

---

① 高崧：《青春办报　皓首出书——纪念陈翰伯从事新闻出版工作五十周年》，载《陈翰伯出版文集》，中国书籍出版社1995年版，第185页。
② 陈翰伯写于1967年3月26日的"综合交代和初步检查"。

文科教材会议以后，教育部提倡学生多读课外读物。这时，我们大量出版了外语辅助读物（以英、俄语为主）。这套读物差不多都是所谓"传统"的读物，目前在英美等资本主义国家的学校里还在采用，而我国解放前的学校里也曾采用过。我是把它原封不动地搬了过来。我认为这些读物不同于这些作品的中译本，它没有批判的责任。我不赞成在书前写批判性的序言，就是要批判也应该是学校教师的责任。①

对于提供给高校大学生阅读的外语读物，陈翰伯态度鲜明，他说："我从来没有把毛主席的著作放在外语读物的首位，无论是单篇或课本选材，我都不主张多出或多选毛主席著作。"理由是"学生对毛主席著作的原文已经非常熟悉，再读外文本，就会忽视外语的学习。"他认为："外语读物上的政治读物不能太多，政治的、文学的、科技的以及日常生活的题材应各占一定的比例。"理由是"只选政治读物，语言就不够丰富。"他多次表示："不要怕学生在外语读物上接触外国事物"，提出"可以在课本上选些外国风俗习惯甚至宗教的东西。"在陈翰伯的催促下，商务印书馆出版的外语读物中，有一本是选自《圣经》上的片段。② 今天看来，这些观点和做法，无一不符合外语学习的规律。

从 1958 年开始，商务印书馆学术名著的译本逐一问世，虽然一部分有"消毒"序言的时代局限性，但不可否认，许多译本特别是收在"汉译世界学术名著"中的一些译本，质量是上乘的，如贺麟翻译

① 陈翰伯写于 1967 年 3 月 26 日的"综合交代和初步检查"。
② 陈翰伯写于 1967 年 3 月 26 日的"综合交代和初步检查"。

的黑格尔《康德哲学论述》和《精神现象学》，郭大力、王亚南翻译的亚当·斯密《国民财富的性质和原因的研究》，周建人等翻译的达尔文《物种起源》，杨东莼翻译的摩尔根《古代社会》，何兆武翻译的《社会契约论》，等等，皆是难以超越的佳作。1982年，商务印书馆为纪念建馆85周年，把逐年出版的译著单行本汇编成一套"汉译世界学术名著"丛书问世，第一辑选印50种，大受欢迎，至1986年共印4辑200种，其中绝大部分是在陈翰伯主持商务期间出版的。由此可见，陈翰伯对公有制的商务印书馆和共和国的翻译出版事业有筚路蓝缕之功。商务印书馆的汉译名著不仅活跃了"文革"前的文化学术活动，更为改革开放后的新一代学人提供了宝贵的思想资源，借助于这一文化宝库，他们中的佼佼者拓宽了思维的触角，成为思想的先行者；更多的人则在经历"文革"禁锢后打开了视野，接受了思想启蒙！

三、对真理的追问

在商务印书馆，行政事务性工作千头万绪，但陈翰伯仍以旺盛的精力和热情探究理论问题，非常值得一提的是他发表了三篇关于真理问题的文章：

1.《百家争鸣，探求真理》，署名陈翰伯，发表在《前线》1961年第9期。

2.《关于科学史上的错误观点》，署名陈翰伯，刊登在《文汇报》1962年4月12日。

3.《真理是一个过程》，署名陈翰伯，刊登在《文汇报》1962年9

月 27 日。

其中，在《关于科学史上的错误观点》一文中，陈翰伯以"燃素说"为例，阐发对待科学史上错误观点的应有态度。燃素说是解释燃烧现象的学说，主要观点是：物体中包含一种没有重量的物质即燃素，它是物体燃烧的原因。这个学说在 17 世纪下半期到 18 世纪 70 年代的化学领域占统治地位。后来拉瓦锡发现了氧气，并把燃烧解释成氧化反应，燃素说被证明是错误学说。如何认识这一现象？陈翰伯接受恩格斯的观点，恩格斯指出，对于燃素说不能简单地、粗暴地加以否定，燃素说起到了承上启下的作用。

由如何看待燃素说这一问题，陈翰伯引申到真理问题，他说：

从相对真理到绝对真理的长河中，某些相对真理最终会被证明完全谬论，绝非真理，然而在一个短暂的时期以内（这里所说的短暂有时是数十年，有时是数百年），这个相对真理又是不可突破的。当然在另一种场合下，相对真理构成绝对真理的一部分，这个相对真理并非完全谬误，而只是具有片面性。无论在哪种场合下（某一相对真理是完全谬误或局部谬误），他仍然不失为人类认识中的一个阶段，或者可以说是不能完全避免的一个阶段。

这篇文章是如何写成的？陈翰伯说：

1962 年春，我正在重读恩格斯的《自然辩证法》，我零碎地写一些笔记。我看到《文汇报》上有学习《自然辩证法》笔记专栏。我把笔记做了一番整理，写成《关于科学史上的错误观点》

一文，寄去发表了。以后有人提出批评，我又写成《真理是一个过程》也寄去发表。文章刊出后大约在一年半的时间内，许多报刊刊出了文章，进行争论。①

《关于科学史上的错误观点》一文在学术界引起重大反响，学者纷纷就真理问题撰文参与讨论。《文汇报》于 1962 年 5 月 15 日刊登余源培的《错误观点是相对真理吗?》；6 月 12 日刊登丘权的《如何理解错误和真理的对立》；8 月 17 日刊登李宝恒的《真理和错误》；1963 年 1 月 11、12 日刊登龚育之的《认识曲折发展的一种形式——试论燃素说、热质说等自然科学前期历史上的相对错误的学说》等文章。与此同时，全国许多报刊都刊登了有关真理问题的文章。《人民日报》于 1962 年 8 月 23 日以《关于真理与错误对立统一问题的讨论》，1963 年 3 月 16 日以《关于真理与错误关系问题的讨论》为题刊发了综述文章。哲学研究所编辑部编的《真理问题讨论集》于 1964 年出版，分三个标题：（一）相对真理中是否包含错误的问题；（二）相对真理和绝对真理的关系，如何理解和运用实践标准；（三）社会实践是真理的唯一标准的问题。该书全文收录了 1962 年、1963 年有关真理问题的文章 23 篇，还列出部分文章索引 20 多篇。②

1962 年至 1963 年的这场讨论，只限于学术界。从影响力来说，远不能与 1978 年的真理标准问题的讨论相比，这是由不同的政治环境和社会条件决定的，后者涉及政治思想路线的重大转变。虽然两次讨论的影响力不能相比，但从哲学思想的角度看，二者在反对把已有

① 参见陈翰伯写于 1967 年 3 月 26 日的交代材料。
② 哲学研究所编辑部编：《真理问题讨论集》，上海人民出版社 1964 年版。

的权威理论凝固化、绝对化方面是一脉相承的；而且前者对后者做了知识、方法、人才等方面的准备。

对陈翰伯来说，笔者总觉得他不纯粹是在谈一个理论问题。从某种意义上说，他是在谈实际从事的出版工作，是有感而发。他在文章中说：

> 在社会科学领域里，任何一个新观点、新理论的创立，永远和当时历史时代有必然联系。正确的观点固然如此，错误的观点也不例外。正确的观点和错误的观点虽然不能发生同等的作用，但是对于后人，它们都能起思想材料的作用。
>
> 任何探索真理的科学研究都不能不利用前人的材料。正确的观点当然没有问题。错误的观点呢？有时也会提供一些有用的材料。

这不正是他面对种种禁忌，依然倾全力从事出版的思想基础和价值支撑吗？

四、出版中外文辞书

商务承担的另一个出版任务是出版中外语文辞书。辞书是字典、词典、辞典的统称，字典主要是解释汉字的形、音、义的工具书；词典主要是解释词语的意义、概念、用法的工具书。一般来说，以收录语文词汇为主的多称为"词典"，而以收录术语、专名、学科性词汇为主的被称为辞典。

1. 中文辞书

民国时期，编修辞书是商务印书馆的一项重要业务。西学东渐，中西文化碰撞和中国社会的急剧变动，给国人带来思想、思维乃至语言的变化，人们需要能反映时代变化的新辞书。商务印书馆作为出版业的龙头老大，自然不甘落后，出版了大量辞书。其中中国语文字典、词典有：1912年初版的《新字典》；1919年初版的《校改国音字典》；1923年初版的《国音新诗韵》；1928年初版的《词诊》；1939年出版的《王云五大辞典》等等。双语专业辞典有：1911年出版的《袖珍英华成语辞典》；1928年出版的《综合英汉大辞典》等。专科词典有：1918年初版的《植物学大辞典》；1914年出版的《动物学大辞典》；1921年出版的《中国人名大辞典》；1921年出版的《中国医学大辞典》；1930年出版的《地质矿物学大辞典》；1931年出版的《中国古今地名大辞典》等等。

民国时代商务印书馆最著名的辞书非《辞源》莫属，它被誉为中国第一部百科全书，有学者称它"开创了我国现代辞书时代"[①]，奠定了现代汉语辞书的编纂体例。

《辞源》编纂定位于"贯通典故，博采新知"，以满足"国人查考新知、弘扬学术之需"。它不仅包括传统的单字、语词，也收录新名词、新术语。在单字字头下，大量收列成语、掌故、古代典章制度、古今地名和人名，以及天文、地理、书籍、音乐、技艺、医卜星相、花草树木、鸟兽虫鱼等材料，也注重收录近代社会科学、自然科

---

① 李开：《现代词典学教程》，南京大学出版社1999年版。

学的新术语新概念，内容涉及政治、经济、法律、哲学、艺术、心理学、化学、医学、物理学等各个领域。其编写内容之广，为当时辞书之最。它创立了以语词为主兼收百科的综合性辞书体例，开创了我国语词、百科融为一体的独特工具书形式。《辞源》由陆尔奎主持编务，并有方毅、杜亚泉、孙毓珍、张元济、傅运森等共五十余人先后参与，共同编校。原计划五六人用两年时间完成，但不久就增到常年二三十人，最后参加者五十多人，历时长达八年。终于在1915年，分甲、乙、丙、丁、戊五种版式出版。到1931年，该书已"销行达数十万册，大半皆在学者之手"。《辞源》的续编于1931年出版。自1937年开始，商务印书馆将《辞源》正、续编合编为《辞源正续编合订本》，合编本于1939年6月问世。

陈翰伯接受商务印书馆时，有关方面已开始酝酿修订《辞源》事宜。应该说，确定修订《辞源》这样的大型工具书来自顶层设计。1957年秋，毛泽东主席提出修订《辞海》的动议，中宣部、文化部等领导机关旋即确定由中华书局承担任务。与此同时，商务印书馆修订《辞源》的动议也随之产生。经过反复研讨，从中宣部、文化部等领导机关，到文化学术界人士，再到商务印书馆编辑部，各方面形成共识，确定修订《辞源》的三条基本原则：一、确定是修订，不是重编。原《辞源》收词较多，较常见实用，又重在溯源，收录的材料较为丰富，只要作必要的修订，仍可以发挥积极的作用。二、确定修订的具体任务。国务院古籍整理出版规划小组拟订的《中国古籍整理和出版的计划要点》，曾将"《辞源》修订本"列为长远规划。但商务印书馆于1958年春就提出修订《辞源》的初步设想，此年秋冬之交，开始修订《辞源》。次年6月，中宣部为了避免重复、类同等问题，特召集有关部门及《辞源》、《辞海》、《现代汉语词典》三家，相互协商，作了明确分工。明确商务印书馆的修订任务是，以语辞为主，重在溯源，重点放在补充古籍词条，使《辞源》成为阅读和研究古籍的一部专用辞书。三、确定以马克思主义为指针，但不一一批判。即必须用马克思主义检验辞书的内容，遇有立场、观点上的错误，应作必要的改正，对一般知识性条目，只要把词条解释清楚，使读者获得正确的知识，就算达到目的，不必一一批判。①

在修订方针、任务已明确的前提下，《辞源》修订的具体业务，包括修订稿的决审定稿由吴泽炎承担。定稿工作到 1966 年因"文革"爆发而中止。虽然只出版了第一册，接近完成第二册，但是已积累的经验却为以后的修订工作奠定了坚实的基础。② 十年中辍后，1977 年，商务印书馆又继续修订《辞源》，到 1985 年四个分册全部出齐，这一庞大工程终于完成。

2. 外文辞书

外语辞书方面，民国时代的商务印书馆仅限于英汉、汉英辞典，陈翰伯主持的商务印书馆，把外语辞书工作扩及各大语种，并且外汉和汉外两类辞书一起抓。"文革"前，已经出版的有新编《俄华大辞典》、《日汉大辞典》和《英华大辞典》，其余德、法、西班牙和阿拉伯等语种也分别出了简明小字典。此外还有若干小语种和世界语工具书。根据商务印书馆官网的大事记，1958 年，出版《俄汉新辞典》；1959 年，

---

① 参见沈岳如：《〈词源〉修订史略》，《辞书研究》1996 年第 4 期。

② 沈岳如：《〈词源〉修订史略》，《辞书研究》1996 年第 4 期。

出版《日汉词典》、《汉法词典》、《汉德词典》、《捷汉词典》、《西汉词典》、《世界语新词典》；1960 年，出版《俄汉大辞典》、《越汉词典》、《印地语汉语词典》、《法语成语词典》、《日语外来语词典》、《英语常用词用法词典》、《英语惯用法词典》；1963 年，出版张其春主编的《简明英汉词典》、高达观和徐仲年主编的《简明法汉词典》、张道真编的《实用英语语法》；1964 年，出版《辞源》修订版第一分册、《简明德汉词典》、许国璋编的《英语》（修订本）、薄冰和赵德鑫编的《英语语法手册》等。

3. 辞书编纂中的主编负责制

在辞书编纂工作上，陈翰伯坚持走专家路线，依靠吕叔湘、刘泽荣、姜晚成等名家主持编纂，从业务上严格把关。各语种辞书都采取主编负责制，从而保证了辞书的质量。虽然采取主编负责制，但陈翰伯还是要全局把握，林尔蔚回忆说："那时有关部门还要陈翰伯看《俄汉大辞典》，我问看什么啊？他说要检查有没有修正主义——这么大一本，怎么看得完啊！"①

对于中外文辞书，陈翰伯负有政治把关的责任，但他反对把政治和辞书编纂勉强挂钩，他曾说：

> 在干部工作中，在编辑工作中，我只是希望在业务上做出"成绩"来，在业务上要有所提高等等。同时，我经常宣传政治

---

① 张稷：《我在商务一辈子——林尔蔚访谈录》，《中华读书报》2013 年 1 月 9 日。

不要太多，政治太多活不下去；政治是红线，不是红布，脸上不要刻着"政治"二字，编词典不要勉强和政治挂钩。[①]

在编纂辞书过程中，陈翰伯曾说：

> 在汉语工具书的工作中，我多年来一贯反对从《毛选》中搜集成语、编成词典；我反对在汉语工具书中收入某些新词汇；我反对在词典中乱用毛主席著作作为例句；我反对在词典中勉强与政治挂钩；我尊奉旧中宣部的黑指示，规定《词源》的修订方针是不作批判，只作解释。[②]

他反对从《毛选》中搜集成语、编成词典，是因为他主张"可以编成语词典，其中包括《毛选》中使用的成语"。他反对在汉语工具书中收入某些新词汇，"一个借口是不稳定，词义不准确，还没有被群众普遍采用。另一个是烫手，即难于作出准确的、恰当的、完备的解释。"

五、出版《外国历史小丛书》

1.《外国历史小丛书》

除了出版外国哲学和社会科学著作，中外语文辞书，陈翰伯主持

---

① 陈翰伯写于 1967 年 3 月 26 日的"综合交代和初步检查"。
② 陈翰伯写于 1967 年 8 月 7 日的"综合交代和初步检查"要点。

的商务印书馆还出版了一套《外国历史小丛书》。这套小丛书是由吴晗主编的通俗历史知识读物，自 1962 年问世以来，到"文革"爆发前，共出版了 59 种。59 种读物，从时间上看涵盖上古、中古、近代、现代史；从地域上看，包括欧洲、北美、亚、非、拉史；从主题上看，既有《共产主义者同盟》、《巴黎公社》，也有《西欧封建庄园》、《印度莫卧儿王朝》；在历史人物方面，包括不同时代的革命家、思想家、文学艺术家、科学家和航海家，甚至还有像拉萨尔那样的机会主义者和老沙皇彼得大帝。小丛书中每本书一般都在两万字左右，篇幅虽不大，却能把相关知识比较完整地介绍给读者，且因选题广泛而受到具有不同兴趣的读者的欢迎。

正是这套"超出"商务印书馆出版任务的小丛书，给陈翰伯带来了麻烦。1966 年 7 月 20 日，是陈翰伯一生中最难忘的几个日子之一。这一天，他被报纸公开"点名"批判了。

《外国历史小丛书》到底是怎样诞生的？不妨看看当事人的说法。主编吴晗说：

> 在《中国历史小丛书》出到六七种以后，有一天我去人民会堂开会，散会时，贺龙叫住我，说你编的小丛书出来那么多，为什么不送我看看。我说，你要看，我回头就送给你。周总理接着说，你搞了中国历史小丛书，为什么不搞一套外国的？我说好，我就去组织人编一套。
>
> 随后就由教师进修学院的陈哲文和商务印书馆的陈翰伯联系，陈翰伯表示愿意出这一套书。陈翰伯和我谈过，愿意做些历史普及的工作。为此，商务成立了编辑组，教师进修学院也指派

朱仲玉负责这项工作。由他们双方商量，提出名单组成编委会，由我任主编。

我推测陈翰伯愿出这套书的动机，可能是商务分工来翻译出版外国社会科学方面的书，和广大群众的读者面有距离，出这套通俗书，影响会广泛些，商务的招牌会响亮些。[①]

陈翰伯说的更详细：

中华书局的《中国历史小丛书》出得较早。……因而，我非常羡慕，总是想着也要编辑一套世界史、外国史的小丛书。只是由于出版翻译书的任务较紧，暂时未能实现。

大约是在 1960 年底或 1961 年初，我在一次会议上碰见了吴晗。这个会议，不是我召集的，也不是吴晗召集的。我和吴晗都是来参加会议的。当时外交部的宦乡也在场，似乎是一次有关对外宣传工作的会议。在开会之前，吴晗对我说："昨天我碰到总理了。他说：'你们有一套《中国历史小丛书》，还可以出一套外国的。外事人员很需要这种东西'怎么样？你们商务出吧。"宦乡也说了说外事人员出国之前，苦于没有东西可看，特别是一些不懂外文的人，更难办。我表示没有人挂帅，不敢出。吴晗曾说他终身要为普及历史知识而奋斗，毛遂自荐地说："我来挂帅。"接着，他告诉我可以找北京市教师进修学院，请他们担任助编。我早有出版这套小丛书的打算。现

---

① 吴晗写于 1968 年 2 月 21 的交代材料，"《外国历史小丛书》出笼经过"。此材料是由北京市人民委员会机关革命造反队转抄给商务印书馆革命组织的。

为运动很快就会过去，一切会回归正常。

但是运动没有很快过去。

直到 1972 年，陈翰伯在周恩来总理亲自过问图书出版事业的情况下调回北京、回到出版界，但在极左路线之下，他动辄得咎，基本是坐冷板凳。等他再次放手干出版工作的时候，毛泽东主席已逝世，"四人帮"被打倒。回头看，十年时间倏忽而逝。

"文革"十年，商务印书馆的出书计划自然成了泡影。打倒了陈翰伯这样的出版家的同时，许多书被封禁，几乎所有已出版的辞书都遭到了批判、封存。封禁图书的结果是出现"书荒"，到 1970 年，"书荒"严重到小学开学时，居然连一本小字典也没有。各方面的反应十分强烈，许多学生家长和读者给报社和中央有关部门写信呼吁，要求出版字典等工具书。

陈翰伯无论如何都不会想到，他苦心经营的商务印书馆和图书出版事业竟会出现这种局面！

除了事业上的打击，陈翰伯的思想也遭受重创。他自己"多次说过这样的话：'不要把马列主义、毛泽东思想当作是技术书，当作是包医百病的灵丹妙药。学技术，还是要读那些技术书。要解决打算盘、养猪等问题还是要读那些技术书。马列主义、毛泽东思想是解决人们的思想世界观，是解决立场观点方法的。'"① 他认同"学习毛泽东思想'不要庸俗化'、'不要实用主义'"的观点。他"从来不把毛泽东思想看作是一切工作的最高指示"。他认为"要学马列主义，就只能去读马恩列斯的著作"。他同意 1962 年七千人大会中刘少奇"三分

---

① 陈翰伯写于 1967 年 8 月 22 日的交代材料，"关于《毛泽东思想不是技术书》"。

天灾，七分人祸”的说法，他的看法是“有的地方是‘天灾’为主，有的地方是‘人祸’为主，但就全国而论是以‘人祸’为主”。他认为对知识分子“弦不要绷得太紧，得罪了知识分子是党的‘损失’，团结、教育、改造，应以团结为主。”他说：“毛主席关于国家会改变颜色的说法，我根本不在意。”[①] 他的真实思想具体表现在出版工作中，前文已述。

“文革”一开始，文化部就成为重灾区，相关人员集中起来，学习关于“文化大革命”的文件。但连篇累牍的“文革”文章和一个多月的集训，并没有改变陈翰伯的思想，他说，“我在6—7月间，即在集训班时期，对‘文化大革命’的意义是很不理解的。”他的不理解直接表现在行动上，据许觉民[②] 回忆说：

> 遍观大字报，几乎无人不写，独不见有陈翰伯的。陈是所谓知情人，知情人之不写，就引起了人的注目。那个组长召集开会，指责陈翰伯何以不写，他默然无语。组长说，到了这时候，你对××还抱有幻想，恨不起来？他嗫嚅着说，没有什么材料可写。[③]

许觉民的回忆，证实陈翰伯在“文革”之初，确实“很不理解

---

① 陈翰伯写于1967年3月26日的“综合交代和初步检查”。

② 许觉民，江苏苏州人，文学评论家。1938年加入中国共产党。1949年后，历任三联书店副经理，人民文学出版社副社长兼副总编辑，北京图书馆参考部主任，中国社会科学院文学研究所所长，《文学评论》主编等职。

③ 许觉民：《君子陈翰伯》，《文汇报》1999年4月8日；《陈翰伯文集》，商务印书馆2000年版，第596—599页。

'文化大革命'的意义",他不理解自己一向欣赏的上级领导,怎么忽然就变成批判对象了。他没有加入写大字报的行列,也成了被批判的对象。[1]

---

[1]　许觉民:《君子陈翰伯》,《文汇报》1999 年 4 月 8 日;《陈翰伯文集》,商务印书馆 2000 年版,第 596—599 页。

第六章

家国情怀　勇拓新枝

一、重回出版界

　　1972年春节前夕，陈翰伯奉命从咸宁五七干校回到北京。他身穿油渍麻花的棉制服，手里提着个破花布书包，里面装着落实政策补发的800元工资，被家人从火车站接回了家。补发的工资本来还多些，他买了三头牛送给了当地农村。陈延琳说："想象不出以前从不做家务的父亲在五七干校两三年是怎样过的。"

1. 图书封禁与破禁

　　陈翰伯是在周总理反复过问图书出版的情

况下调回北京的，同时被召回的还有陈原（"文革"前任三联书店副总编辑、世界知识出版社副总编辑、文化部出版局副局长等职）、邵宇（"文革"前任人民美术出版社社长、总编辑）、李季（"文革"前任《人民文学》主编）。

出版界实力派人物离开五七干校回到出版界，与领导上图书破禁的意图直接相关。"文化大革命"进行了四五年，"书荒"日甚一日，"文革"前出的大量图书被批判而封存停售，小学开学竟连本小字典都买不到。书店门市部中，除毛主席著作之外，绝大部分是"两报一刊"社论等报刊文章汇编的小册子、"革命样板戏"相关图书，还有《赤脚医生手册》、《中草药手册》等实用小册子。

对绝大多数普通人来讲，单一畸形的图书出版无法满足其阅读需要。人们想看各种各样的书，包括中国的、外国的，哲学的、历史的、文学的、地理的，爱情的、亲情的、悬疑的等等，以致一度时期手抄作品在暗地里颇为流行。

"书荒"不可避免地反映到国务院高层，"文化大革命"已轰轰烈烈地进行了数年，各方面的工作举步维艰。周恩来总理顶着压力，开始以自己特有的行事方式整顿局面、恢复秩序，文化出版事业自然是一个重要方面。1970 年 9 月 17 日，周总理在处理了紧急公务后，于深夜 11 时 50 分召集国务院文化组、科教组、出版口、图博口、毛主席著作出版办公室等几个单位的负责人（多数是军代表）开会，针对群众反映"中小学生没有字典用"、"青年人没有书看"等问题，对出版工作提出批评，并要求出版口拿出今后的出版计划。总理说："中华书局、商务印书馆就不能要了？那样做，不叫为群众服务。青年一代着急没有书看，他们没有好书看，就看坏书。"①

四个月之后，1971 年 1 月 22 日，出版口领导小组向周总理提交了 1971 年的出版计划，报告总共一千多字，在"高举毛泽东思想伟大红旗，突出无产阶级政治，以阶级斗争为纲，认真搞好斗批改"等一通开篇语后，报告列出的具体出版计划是：1971 年要出毛主席著作、毛主席像，重印马、恩、列、斯三十本书，出版革命样板戏剧本，活学活用毛泽东思想的经验介绍文集，革命大批判文集，办好"五七"干校的典型经验介绍文集，进行阶级教育的读物，工业学大庆、农业学大寨、全国学人民解放军通讯报告选，工农兵国际评论选等。报告最后希望中央对出版方针、任务、体制给予指示，并请求调一批解放军干部充实出版社的领导力量。

这就是耗时四个月完成的出版计划？周总理的指示像是打在软棉花上。1971 年 2 月 11 日下午 6 时，周总理专门就出版计划召集出版口领导小组负责人开会，他说："计划太简单，不行。计划中的这些书要出，但不能只出这几种。青少年没有书看，⋯⋯新书要出，旧书也可以选一点好的出版嘛。1971 年再不出书就不像话了。"周总理还说："字典这么长时间了还没有出来？地理书出了没有？世界地理一时不好出，中国地理可以出嘛！"②4 月 12 日后半夜，周总理再次接见全国出版工作座谈会领导小组成员，对他们说：你们管出版的，要印一些历史书。我们要讲历史，没有一点历史知识不行。你们的出版计

---

① 周恩来：《不要因人废文》，1970 年 9 月 11 日，载于中共中央文献研究室：《周恩来文化文选》，中央文献出版社 1998 年版。

② 转引自方厚枢：《当代中国出版史上一次特殊的会议——记 1971 年全国出版工作座谈会》，《出版史料》2007 年第 1 期。

划中有没有历史书？现在书店里中国和外国的历史书都没有。不出历史、地理书籍是个大缺点。马克思主义的三个组成部分都是从资产阶级的或受唯心史观限制的学说发展来的。不讲历史、割断历史怎么行呢？中国人不讲历史总差点劲，毛主席的著作还有不少篇幅是讲历史的嘛！读毛主席的著作也得懂历史。总理还说：历史、地理书既然没有新的，把老的搞出来也好嘛！政治地理不好写，可以少写一点，经济上出产什么可以说，多写点自然地理。政治经济地理中，他们国家是什么性质，照他们说的写就行了嘛！①

三番五次地开会，耳提面命地提示，总理就差亲自动手去做了，但在"千万不要忘记阶级斗争"的氛围下破解"书荒"是艰难的。

从出版界领导层面看，1967 年 5 月 11 日，中央文革宣传组从国家计委、文化部和首都出版部门抽调少数人员组成"毛主席著作出版办公室"，代行原文化部出版局的领导职权，主要负责毛主席著作、毛主席像的出版任务。1969 年 1 月，"首都工人、解放军毛泽东思想宣传队"进驻文化部，7 月，组成"出版小组"，负责出版业务。1970 年 5 月 23 日，"国务院出版口"成立，文化部的"出版小组"和"毛主席著作出版办公室"先后并入出版口，作为出版界的领导机构。

从编辑层面看，"文革"前，文化部直属的七家出版社（人民、农村读物、人民文学、人民美术、中华书局、商务印书馆、文物）原有职工 1074 人（其中编辑人员 523 人），到 1970 年底，留在北京工

---

① 周恩来：《讲历史，多出书》，1971 年 4 月 12 日，载于中共中央文献研究室：《周恩来文化文选》，中央文献出版社 1998 年版。

作的仅有 166 人（其中编辑人员 63 人）[①]，包括人民出版社 80 人（其中编辑 26 人）、人民文学出版社 30 人（其中编辑 13 人）、人民美术 40 人（其中编辑 18 人）、中华·商务 16 人（其中编辑 6 人）。[②] 而在"文革"前，仅商务印书馆就有 195 人（其中编辑 105 人），中华书局有 148 人（其中编辑 69 人）。[③]

更要紧的是，从领导到普通编辑对图书出版都很惧怕。当时出版界流行一些说法，如"出版界是'是非之地'，不可久留"；"现在画圈点头，将来弯腰低头"；等等。出版口于 1971 年 2 月份召集中央一级十二家出版社开了三次座谈会，了解出版情况，得出的结论是出版社的领导和编辑人员中间较普遍地存在着"一怕、二等、三应付"的思想。所谓"怕"，是怕犯政治错误，普遍认为"少出书比多出书保险"，领导干部认为"抓业务危险"，"少出几本书，天塌不下来，运动搞不好还了得！"所谓"等"，是"等四届人大召开后，体制定了，才好工作"。所谓"应付"，是觉得"出书是'软任务'，能应付门面就行了"，"编了书'送审无门'，'没人拍板'，只能应付了事。"

在周总理多次督促下，出版口领导小组终于写出了《关于收集、翻译、出版世界各国历史书籍的情况》的报告。1971 年 9 月 8 日，中共中央将报告下发国务院出版口领导小组，并写了批语："经请示毛主席，'可否予以同意，先照此计划进行？'毛主席批示'可以'。

[①] 刘杲、石峰主编的《新中国出版五十年纪事》中关于 1970 年 12 月 23 日的记载是："当时出版口所属 4 个出版社只有 183 人。"

[②] 参见方厚枢：《1966—1976 商务印书馆的片断回忆》，《中华读书报》2014 年 1 月 8 日。

[③] 《文化部出版局局长陈翰伯同志向文革工作组介绍情况要点》，1966 年 6 月 13 日，载于中国新闻出版研究所编：《中华人民共和国出版史料》(14)，中国书籍出版社 2013 年版。

现转发给你们，请督促和推动有关单位努力完成规划中的任务。"① 领袖亲批了出书报告，出版口总算吃了定心丸。

2. 出版外行已无法应付局面

"文化大革命"方兴未艾，国内外形势却有了新变化。20 世纪 70 年代初，不能不提的两件大事：一是林彪外逃摔死；二是中美关系缓和。这给了周总理整顿局面提供了契机，也预示着图书破禁已露出曙光。1972 年 2 月，为欢迎尼克松总统访华，书店里摆出了《红楼梦》、《三国演义》、《水浒传》、《西游记》四大名著，不过这只是摆设，不卖给国内读者。消息传到了周总理耳中，2 月 16 日，他对此提出了批评；2 月 20 日，出版口领导小组向国务院写了《关于几种古典文学书籍只卖给外国人不供应国内读者错误的检查报告》，于是《红楼梦》、《三国演义》、《水浒传》、《西游记》被赶印出来，公开发行。4 月份，四大名著重印本上市，书店门市排起了长长的购书队伍。②

尽管阻力重重，但图书破禁势在必行，恢复共和国的出版事业实在是太需要有经验的出版人了，陈翰伯、陈原等由此陆续回到北京，回到出版界。陈翰伯的大儿子陈亮回忆：

父亲调回出版界后，在家里说起过出版口领导小组多是外行，军代表回答周总理关于出版的询问常常令人啼笑皆非。父亲说看来要感谢那位一窍不通的军代表，若不是他胡说，引起总理

---

① 方厚枢：《1966—1976 商务印书馆的片断回忆》，《中华读书报》2014 年 1 月 8 日。
② 参见刘杲、石峰主编：《新中国出版五十年纪事》，新华出版社 1999 年版。

的重视，还不能那样快调动干部，恢复出版工作呢。

确实，随着国内外形势的发展，陈翰伯等一批出版行家的作用已无法替代，陈亮回忆了这样一件往事：

1971 年 11 月，中华人民共和国政府获得联合国合法席位，乔冠华是联大中国代表团团长。1972 年 8 月份，我曾到报房胡同去找同学乔宗淮（乔冠华之子），乔伯伯恰巧在家，他和龚澎阿姨是我父母亲几十年的老友，便问起我父母的情况，我赶紧回答说，父亲已经调回北京，还在做出版方面的工作。乔伯伯立即说：正好正好！你来一下，我给你爸爸写个条子，请你爸爸帮我办一件事情。乔伯伯说："我马上要到纽约开联大会议。我们在联合国的办公室里空空荡荡，只有一个书架，没几本书。请你爸爸帮忙找一些书，我带到美国去。"我问乔伯伯："要些什么书呢？"乔伯伯说："让你爸爸看着办，他知道应该找什么书的。"

我回家把条子交给了父亲。父亲立即行动，他亲自写书单，除了马恩列斯著作尽量找齐，当然还有毛主席及中共党史的有关书籍，都要中英文双份。除此之外呢？父亲的书单里列出二十四史等中国历史典籍；列出鲁迅、老舍等等一大批近代中国作家的书籍；列出《红岩》，《欧阳海之歌》等当代革命小说；又列出《红楼梦》、《水浒》、《三国演义》等一大批古代小说；还有许多欧美各国的社会科学著作，……我记不清父亲写的书目，但是我记得父亲说，"不能只有那几本书，让外国人笑话我们中国！"父亲通知出版局管理下的所有北京的各大出版社，从书库和出版社图书馆里面找。没几天，书基本上收集齐全了。可父亲亲自看过后，发现这些书有五花八门的问题：有些书的扉页上印有该出版社的藏书章，一些书的侧面也盖有骑缝章，有些书看起来比较旧……父亲想了一个办法：送到新华印刷厂，让他们加班重新装裱，把扉页等等裁下来，用机器把书边稍稍裁掉，切掉图章印记，重新做成"清清白白"的书籍。父亲和我讲了几次，这个办法是他突然想出来的。

二、辞书出版十年规划及实施

1. 辞书十年规划（1975—1985）

1972 年初，陈翰伯回到北京，先是被安排为人民出版社领导小组成员。次年 9 月，国务院出版口改为国家出版事业管理局（简称国家出版局），陈翰伯出任领导小组成员，先后协助徐光霄、石西民分管出版业务工作。

此时，极左思想和各种运动的力量依然强大，图书出版工作虽然由周总理亲自督促，仍然步履维艰。以《现代汉语词典》为例，这本由中国科学院语言研究所编辑的《现代汉语词典》（试用本），1965 年由商务印书馆出版后，原计划征求各方面意见，修订后正式出版，后因"文革"开始而中断。1973 年，由于各方面对词典的需要十分迫切，在征得高层领导同意后，商务印书馆用 1965 年的词典原纸型重印一批，并在《出版说明》中说明这个稿本是"文革"前编的，内部发行。在 1974 年上半年"批林批孔运动"如火如荼之时，《现代汉语词典》（重印本）又被批判、停售、封存。①

陈翰伯谨慎地按照组织程序，从最高指示和上级文件中寻找出版空间。方厚枢回忆：

> 翰伯同志到国家出版局工作后，了解到辞书工作的一些情况，他根据周总理 1971 年在全国出版工作座谈会上提出要出词典工具书的指示，计划制订一个较长时期的辞书出版规划。他首先找陈原商量，并得到出版局主要领导徐光霄的支持。于是 1974 年 7 月正式组织了班子。参加小组的人员从商务印书馆和局出版部抽调，我也参加了这一小组。10 月下旬，翰伯同志率小组和从商务印书馆辞书编辑室、北京大学中文系借调的曹先擢等共 9 人，到上海部分高校和出版社进行调查，返京后又在北京继续调查，先后召开 30 多次座谈会。②

在文化、知识、学术荒漠中，辞书的编写出版无疑是最基础的文化建设，这是出版行家的独到眼光。当时，在周总理的亲自督促下，"书禁"、"书荒"略有缓解，但书店中公开出售的中外语文词典，仅有《新华字典》、《工农兵字典》、《袖珍英汉词典》等少数小型字典、

---

① 方厚枢：《当代中国出版史上一次特殊的会议——记 1971 年全国出版工作座谈会》，《出版史料》2007 年第 1 期。

② 方厚枢：《陈翰伯与辞书出版工作》，《辞书研究》2000 年第 5 期。另参见陈翰伯：《在〈汉语大词典第三次编写工作会议上的讲话〉》，载于《陈翰伯文集》，商务印书馆 2000 年版。

词典，而教学、科研、外事等方面需要的收词较多的中型、大型词典很难买到，这个具有悠久历史文化的国度存在严重的知识贫乏，词典可起到传播百科知识的作用。况且，编纂出版词典有政策依据，除了1971年《关于出版工作座谈会的报告》[1]中有新编和修订字典、词典工具书的任务外，陈翰伯还找到一条依据，即1957年9月17日，毛主席在上海批示要修订《辞海》，并可吸收各方面的老年知识分子参加工作，包括犯了严重错误的人，以发挥他们的一技之长。[2]陈翰伯调动商务印书馆和出版局的力量，组织起由朱谱萱、朱原、方厚枢等人负责的规划小组，在充分调研的基础上，起草辞书规划会议文件，并制订规划初稿。1975年3月22日，国家出版局会同教育部联名向国务院上报《关于召开中外语文词典编写出版规划座谈会的请示报告》，这份报告经国务院几位副总理圈阅后，最后送到当时主持中央日常工作的邓小平处，于3月26日获批准。

5月23日至6月17日，中外语文词典编写出版规划座谈会在广州东方宾馆举行。参加会议的有中央有关部门和13个省、市的文教、出版部门及高等院校的负责人和专业工作者，按当时的政治规矩和通行做法，会议除了指名邀请老专家参加，也邀请了工农兵代表。会议的重点是讨论拟定1975年至1985年中外语文词典编写出版十年规划（草案）。

方厚枢回忆：规划小组对于中小型中外语文词典和大型外语词典的规划很有信心，但对中文大型语文词典的规划则有些犹豫不决。大

---

① 此报告由周总理主持制定，毛主席批示"同意"。

② 陈翰伯：《在〈汉语大词典〉第三次编写工作会议上的讲话》，载于《陈翰伯文集》，商务印书馆2000年版，第15页。

型中文辞书中,《辞源》、《辞海》的修订工作在"文革"前已有基础,列入规划没有问题,但规划中要不要再加上新编更大规模的《汉语大词典》和《汉语大字典》?由谁承担?能否完成?规划小组举棋不定。对此,陈翰伯明确表示,现在号称世界上最大的两部中文大词典,一是日本人的《大汉和辞典》,一是台湾的《中文大辞典》,而我们大陆没有,实在脸上无光。我们应该下决心非赶上去不可,这次拟定词典规划是难得的机会,应该写上去,最终《汉语大词典》和《汉语大字典》都写进了规划。① 此时,陈翰伯已年过六旬,他行事向来严谨、审慎、细致,可一有机遇,就压抑不住对图书出版的雄心、气魄或者说激情。

列入规划的中外语文词典共 160 部,其中汉语词典 31 部,英、法、德、日、俄等几种主要外语词典共 81 部,小语种词典 48 部。② 国务院于 7 月 22 日收到国家出版局关于座谈会的报告和词典规划(草案),经李先念等几位副总理圈阅后,又得到邓小平的同意,最后送给周总理审批。总理值班室于 7 月 31 日收到报告,当时周总理正重病住院,他于 8 月 21 日在病榻上批准了这一报告,还加批了一句"因病在我处压了一下",以示歉意。国务院在下达的通知中,要求中央各部委,以及各省、市(区)有关方面加强协作,力争提前完成规划中提出的任务。

中外语文词典编写出版规划座谈会,是"文革"后期乘邓小平主持中央工作抓整顿之机而召开的。可座谈会报告和词典规划经国务院

---

① 方厚枢:《陈翰伯与辞书出版工作》,《辞书研究》2000 年第 5 期。
② 陈翰伯:《在〈汉语大词典第三次编写工作会议上的讲话〉》,载于《陈翰伯文集》,商务印书馆 2000 年版,第 18 页。

批准下达后没几个月，当年 11 月，批邓和"反击右倾翻案风"运动兴起，陈翰伯也跟随"再度受挫"①。极度失望中，陈翰伯想调离出版局，他托许觉民斡旋调往北京图书馆，北京图书馆馆长刘季平素知陈翰伯的为人、学问与修养，一力承诺，但出版局坚持不放。

2. 辞书的编纂出版

由于运动干扰，开始几年，词典规划的落实困难重重，进展缓慢。直到"四人帮"倒台后，特别是 1978 年陈翰伯主政国家出版局后才得到有效推进，20 世纪 80、90 年代陆续问世的一大批中外词典，基本都是列入 1975—1985 年规划中的项目。在陈翰伯领导下工作多年的出版局赵晓恩说：

> 说实在的，对于这样规模宏大的文化出版工程（其中还包括在各大区增设排印外文辞书的印刷机构），虽没有人公开提出异议，但对能否实现，不都是信心十足的。而翰伯锲而不舍，积极推进，召开了多少次协商会议，组织单位间、地区间的协作。十年后，对文化建设有重大作用的、一部部大部头的词书出来了，人们不能不佩服翰伯的胆识、毅力和远见。②

陈原在谈到中外语文辞书编辑出版十年规划时说：

---

① 许觉民：《君子陈翰伯》，《文汇报》1999 年 4 月 8 日。
② 赵晓恩：《陈翰伯在出版界三十年——纪念陈翰伯同志逝世三周年》，《中国出版》1991 年第 8 期。

好容易在那黑暗十年中出现了一线光明：那就是 1975 年。翰伯抓住这个机会，要进行一项规模宏大的基础工程。亏他还有那样的雄心壮志，竟要进行这样的工程；这就是后来周恩来总理在病榻上批准的中外语文辞书编辑出版十年规划。翰伯抓住这个机会不放，也抓住一些人不放，其中一个是我。那时，很少人相信"这是真的"，很少人相信这个规划能够实现；但是翰伯却固执地认为它是可以实现的，因为有人民。①

3.《汉语大词典》

词典十年规划经国务院批准后，陈翰伯首先抓汉语词典，其中又着重抓影响较大的五部：《辞海》、《辞源》、《现代汉语词典》、《汉语大字典》、《汉语大词典》。其中《辞海》由上海辞书出版社负责修订出版，《辞源》和《现代汉语词典》由商务印书馆负责修订出版，《汉字大字典》由四川辞书出版社和湖北辞书出版社负责编纂出版，《汉语大词典》的难度最大，陈翰伯决定亲自来抓。《汉语大词典》内容浩繁，社会生活、古今习俗、中外文化乃至各种宗教的教义等无所不包，它由中国数百位专家参与编写工作，涉及山东、江苏、安徽、浙江和上海等四省一市协同工作，共收词目约三十七万条，五千余万字。为编纂《汉语大词典》，先后建立了《汉语大词典》编写领导小组（后改名工作委员会）、《汉语大词典》学术顾问委员会与《汉语大词典》编辑委员会三个机构，分别负责行政协调、学术指导、编纂业

---

① 陈原：《记陈翰伯》，载于《陈翰伯文集》，商务印书馆 2000 年版，第 502 页。

务工作。在 1979 年 9 月编辑委员会成立大会上，聘请罗竹风担任主编，主持《汉语大词典》的编纂工作，确定这部词典的编纂方针是"古今兼收，源流并重"。

陈翰伯在组织、统筹、协调《汉语大词典》编纂方面颇费心力，步步推进。但岁月不饶人，1977 年 9 月，他在青岛主持《汉语大词典》第三次编写工作会议的时候，因过于劳累，作报告时突然发病，言语不清，急忙被送到医院治疗。陈延琳说：

> 当时他自己和家人都不知道这脑血栓的厉害，他住院期间还兴致勃勃地记下探望者的名字，出院回家时他说，"正好一百零八人！"接着又上班。1980 年 10 月又住进朝阳医院，这次左手不行了，导致不能划火柴，也就戒烟了。我去医院时和他一起在走廊看电视审判"四人帮"。

虽然身体日渐衰弱，行政职务也于 1982 年随出版局的撤销而撤销了，但陈翰伯却没有停下工作的脚步。他在 1983 年 9 月召开的《汉语大词典》第三次编委会上说："国家出版局因体制改革撤销了，但我这个编写领导小组组长倒没有撤销，还可以继续做下去。我要与两部词典（《汉语大字典》和《汉语大词典》）相始终。副组长、各省的领导小组的组长也应坚持这个精神，一直管到底。书全部出齐了，羞耻感没有了，有光荣感了，才算到了底。"[1]

许力以回忆：陈翰伯多次表示"要与两部词典（《汉语大词典》

---

[1] 陈翰伯：《同舟共济，鼓浪前进》，载于《陈翰伯出版文集》，中国书籍出版社 1995 年版，第 29—30 页。

和《汉语大字典》）相始终"。1981 年、1983 年、1985 年，他会同吕
叔湘、罗竹风为《汉语大词典》的工作向中央写了三次报告，中共中
央办公厅、国务院办公厅及时批转下达，使编纂工作进一步开展。《汉
语大字典》的领导工作委员会，也在 1983 和 1985 年两次向中央写了
报告，得到胡耀邦的批示，由中宣部批转下达，使工作得到很大的推
动。1983 年陈翰伯在厦门开会时说："大家都希望自己的劳动成果早
日问世。昨天，我想到陆放翁两句诗：'王师北定中原日，家祭无忘
告乃翁。'"不料一语成谶，他于 1988 年辞世，未能等到两部大词典
的问世。《汉语大字典》共 8 卷，经 15 年的努力，于 1990 年出齐。《汉
语大词典》共 12 卷，经 19 年的艰辛，于 1994 年完成。[①]

为了配合辞书编纂工作，陈翰伯认为学术探讨必不可少，所以在
上海创办了期刊《辞书研究》。主编尚丁回忆：1979 年 9 月，《汉语大
词典》在苏州开会期间，陈翰伯和他单独就《辞书研究》谈了一个上
午。尚丁把他的意见整理成了一个笔录，这些意见就成了《辞书研究》
的编辑方针，共有十条：

一、《辞书研究》要研究辞书编纂学，这是一门新兴的科学，
国内外都还没有这样的专门性刊物，虽属冷门，但是个开创性的
事业。

二、要办成一个有分量的学术性杂志，但文章不要太长，学
术论文一定要贯彻"双百"方针，让作者文责自负，编辑不要乱
改文章，特别是不要改文章的观点。

---

① 许力以：《一位胸怀坦诚的共产党员——陈翰伯现在还在吗?》，《出版发行研究》
2001 年第 7 期。

三、刊物要成为辞书界的舆论园地，要为辞书界说话，也要对粗制滥造的辞书和辞书界的不正之风提出批评，也要传播辞书信息，国内外重要辞书出版要介绍和评论。

四、要为创建中国辞书学作出贡献。我国的辞书学在初创阶段，不妨先介绍国外的，千万不要给人家扣"帽子"。

五、不要登逢年过节的政治性应景文章，也不必转载政治性的文告。

六、可以组织一些讨论，思想解放和拨乱反正是有过程的。在"四人帮"横行时，不光说语言有阶级性，乃至说每句话都有阶级性。去年我们说语言没有阶级性，现在，语文词典有没有阶级性就完全可以认真讨论了。这样的讨论对提高辞书质量，繁荣辞书事业，大有好处，可以把辞书界组织起来，把辞书界的学术研究活跃起来。

七、编辑部的人不要多，三四个就可以，不是人多好办事，而是人少好办事。

八、不要追求销数，学术性杂志办得好不好，不能用销数来衡量。主要看它的学术质量。

九、登一些广告，不是为了招徕生意，而是作为文化窗口。所以，广告要有文化，是一幅美术品，不要弄成一张书目定价表。

十、通过办杂志，发现和培育辞书编纂人才，并推动把辞书学会组织起来。

这十条，条条有来处，包含着一个老出版人坎坷一生的经验和心得，这是他数十年在新闻出版界摸爬滚打，历经社会变迁和人生起伏、见证过新闻出版界的种种悲喜剧而总结出来的。比如第二条提出"编辑不要乱改文章，特别是不要改文章的观点"，要让作者文责自负，就来自于他的切身感触，他说，"'文化大革命'前，我曾经给《前线》写过一篇文章，发表后，我一看90%都不是我的，只有10%和标点符号是我的。"① 他当时不满意却也无可奈何，因此引以为戒。第四条提出"千万不要给人家扣'帽子'"，第五条提出"不要登逢年过节的政治性应景文章，也不必转载政治性的文告。"正是从"文化大革命"吸取的教训。第六条提出的"把辞书界的学术研究活跃起来"，第八条提出的"学术性杂志办得好不好，不能用销数来衡量，主要看它的学术质量。"第九条提出的"广告要有文化，是一幅美术品。"这些不仅切中时弊，在今天也依然非常有意义。

三、国家出版事业管理局代局长

1976 年 9 月 9 日，毛泽东主席逝世。10 月，长达十年的"文化大革命"宣告结束。随后，大批老干部陆续得到平反并恢复工作，终于可以扬眉吐气了。

1978 年 3 月，陈翰伯被任命国家出版事业管理局副局长；7 月，他又被国务院任命为代局长，主持工作。

陈翰伯主持工作后的第一件事是落实"右派改正"。

---

① 陈翰伯：1979 年在上海召开的编辑工作座谈会上的讲话摘录《最初一言》，载于《陈翰伯文集》，商务印书馆 2000 年版，第 102 页。

经过数月的紧张工作，出版界普通的"右派改正"问题依据政策得以解决。相对于普通的"右派改正"，老干部的平反和恢复工作情况更为复杂，往往与工作需要相关。比如刘尊棋是带着"帽子"和"问题"调回北京的。1978 年 2 月，中央决定启动《中国大百科全书》的筹办工作，此事由中国社科院院长胡乔木主抓，出版局责无旁贷，参与其中。陈翰伯作为出版界的行家，积极为《中国大百科全书》出谋划策，并推荐人选。刘尊棋经陈翰伯推荐，"戴帽"被调回北京，分配到社科院情报研究所工作。直到 1978 年 11 月，刘尊棋的一系列"帽子"才被摘掉，中央组织部正式给刘尊棋平反，恢复党籍。1978—1981 年，刘尊棋被任命为中国大百科全书出版社临时领导小组副组长，《不列颠百科全书》中美联合编审委员会中方主席和《简明不列颠百科全书》（中文版）主编。后改任英文《中国日报》总编辑。[①] 刘尊棋刚回北京时，陈翰伯觉得不便探望老朋友，就派大儿子陈亮当了一次"信使"，颇有当年"地下工作"的遗风。陈亮回忆：

> 父亲从干校回北京出版口工作以后，有一件比较大的事情，就是抓《大百科全书》。开始的时候，想办法引进美英各国出版的大百科。当时刘尊棋刚从关了八年的监狱中放出来不久，塞到湖南的一个农业机械中专的图书馆里"边改造，边劳动"。他的工作是给那中专的图书馆藏书粘贴封面、编写书号、编辑目录。父亲知道刘伯伯的一切"帽子"统统不实，但无权直接调他回北京。于是打报告，通过胡乔木转交邓小平，说明刘尊棋的非凡的

---

① 参见李辉：《监狱阴影下的人生——刘尊棋传》，湖南文艺出版社 1990 年版。

能力，目前工作的极端需要等等，并未提及他的"帽子"。刘伯伯经特批调回北京后，自己没有房子，住在他的小女儿刘岚云家中。

父亲得知刘伯伯已经到北京，本想去看望，但不便冒险前往。他知道社科院有关组织一定会问刘伯伯一些问题，担心刘伯伯说出什么"不合时宜的话"，节外生枝，所以令我做信使，骑自行车到刘岚云家中，替他看望刘伯伯并转达他的意思：不管什么人问你话，一定要这样回答：

"你在北京有住处没有？是不是想分房子？"必答："我有住处，不必让组织上操心。"

"你想在情报所做什么工作？"必答："请社科院安排。"（不要提及筹办大百科出版社的事情。）

"你身体如何？"必答："没什么问题，我一直没有脱离劳动，还可以工作多年。"

"你还有什么其他要求吗？"必答："没有要求。"

此后不久，刘伯伯被顺利地安排在情报所工作，当时的工作就是：在家中上班，情报所每周派车将当时最新的美英等国的政治杂志给刘伯伯送去，刘伯伯快速浏览，选出与当时美英政策有关的文章，画上圈圈，写几句要点即可，由情报所安排年轻人进行翻译。后来不久，中央就调刘伯伯参与大百科的事情了。

如果说陈翰伯力荐刘尊棋是由于从20世纪40年代就开始的相交相知，那么礼遇曾彦修则完全是因为彼此的惺惺相惜。曾彦修是出版界第一个登上《人民日报》的党内"右派分子"，1957年"反右"运动前，他是人民出版社的副社长兼副总编辑，是社内五人领导小组的组长。他在《平生六记》中说："上面催要'右派'名单了。五人小组急急议了几次很难拟定。"在此情况下，他作为组长拟定了一个包括自己在内的"右派"名单，总共三四人。开始，王子野、陈原等其他领导小组成员对曾彦修当"右派"并不同意，曾彦修说："事情摆在这里，上报得用五人小组全体的名义。久无动静是上面在观察我，越拖事情越大，你们也会被拖进去。"他还说："全国轰轰烈烈，我们这里冷冷清清，又是重点单位，这预示着什么？暴风雨前的暂时沉寂啊！一旦一个'反党集团'下来，整个单位就成粉末了……"最终五人小组同意了他拟定的"右派"名单，曾彦修就这样成了一名"右派分子"。①

曾彦修写过一篇纪念陈翰伯的文章，题目是《陈翰伯——一个近乎"完人"的人》。文章回忆：1960年，他被安排"到上海辞海编辑所去做点技术性的工作"。1974年，陈翰伯率辞书规划小组到上海部分高校和出版社进行调查时，特意提出要见见曾彦修，但"被当地拒绝"。曾彦修说："此事在'文革'后上海有多人告诉我。'文革'后见到翰伯同志，他也告诉了我。其时，上海还完全是'四人帮'的天下，这是必然的。在那种情况下，翰伯同志在'四人帮'的总根据地提出要见见我，是要有点胆量的，我终生感谢他。"另一件让曾彦修感念的事情是，陈翰伯和有关出版界领导亲自到车站接他回京，他说：

1978年7月大热天，我从上海回到北京。哪晓得下车后竟

---

① 参见曾彦修：《平生六记》"反右记幸"，读书·生活·新知三联书店2014年版。

有姜椿芳、陈翰伯、王匡三位同志在车边接我。我不知是怎么回事！觉得他们太客气过分了，但是后来想，这是一种安慰性质：你放心回京，不会把你当成"右派"看了。其中，王匡同志是刚离开出版局局长不几天，他告诉我他已被调为新华社港澳分社社长（港澳工委第一书记），两三天内就要走了，所以今晚特来告别。姜椿芳老则是素以周到谦和著称的前辈，他如此谦和对待晚辈，当然是带有明显的安慰之意。

但我何时到京，只有陈翰伯同志一人知道，他不仅亲来车站接我，还通知了其他方面，令我终生感愧不尽。①

其实，曾彦修早已向陈翰伯说明，他本人"并不赞成在中国当时办百科全书"，他认为条件还很不具备。陈翰伯表示"不管你如何不赞成编大百科，还得以此事调你回京。什么事回京再说。"后来曾彦修在大百科待了近一年，在陈翰伯的协调下，又如愿回到了人民出版社任社长兼总编辑。陈翰伯年长曾彦修五岁，又是上级，两人没有什么深交，曾彦修在调往北京的关键时刻公开表达不同意见，陈翰伯不仅不介意不同观点还亲自接站，表现了出版前辈们为人处世的风格。时过境迁，陈翰伯、刘尊棋、曾彦修等当事人都已驾鹤而去，但他们的往事，如同他们的业绩一样，永远铭刻在共和国出版史的纪事碑上，供今人和后人景仰。

对于陈翰伯，曾彦修的评价是，"陈翰伯为人十分低调，言语谨慎，作风稳重收敛，因此我一直非常佩服他。""我以近乎'完人'的

---

① 曾彦修：《陈翰伯——一个近乎"完人"的人》，商务印书馆馆史资料，第5期。

心态来对待他。"陈翰伯"无愧于人，无愧于党，无愧于国家。""留下的只有八个字：无我无私，一心为国！"①

唐琼和陈翰伯共事过几年，她说陈翰伯"没有领导架子。大家对他很亲切，而且还有些敬畏之感，大概是他既有才能，又肯实干的缘故。他衣着朴素，爱抽烟，爱犯气管炎，常常咳得不亦乐乎。"她对陈翰伯的评价是："他也做官，但一无官腔，二无官气；他是个正直而勇敢的人，有才有识，是我们现在非常需要的实干家。与那些本领不大，官腔十足、官气扑面的干部反差极大。"②

与陈翰伯相交最深，最了解、也最理解他的非陈原莫属，他们相处数十年，"文革"前即在出版界共事；"文革"中一起受难；1972年又一同被调回北京。他们常常半夜打电话谈心，深知对方的为人与思想，对许多事情所见略同，甚至工作的方式方法都很相近。陈翰伯去世后，陈原写下了《记陈翰伯》，饱含深情地说，"他留下了一个精神世界，留下了奉献就是人生最大幸福那样的精神境界。"

从1978年7月到1982年，陈翰伯以代局长主持国家出版事业管理局，以副部级官员、全国出版界的"一把手"的身份出席各种会议，在各种会议上讲话，陈原说："他是真诚的，他不讲假话，他讨厌那种没有任何信息量的翻来覆去的套话。为此，他从不用秘书写的讲话稿，不，他压根儿就没有让秘书来写，他不做念讲话稿的木偶。"③

---

① 曾彦修：《陈翰伯——一个近乎"完人"的人》，商务印书馆馆史资料，第5期。
② 唐琼：《记翰伯》，载于《陈翰伯文集》，商务印书馆2000年版，第473页。
③ 陈原：《〈陈翰伯文集〉读后抒怀》，载于《陈翰伯文集》，商务印书馆2000年版，第629—630页。

曾作为陈翰伯助手、后任新闻出版署署长的宋木文说:"我敢说,他决无领导者的官架子,更不喜欢别人特别是下级对他的奉承、迎合。他是一位学有专长、学识渊博的学者,他精通新闻出版业务,是一位造诣深、业务精、经验丰富的新闻出版专家。我认为,对他来说,得到这样的称号并不是困难的,而最为宝贵的是他那忍辱轻荣、淡泊名利的人格,严谨求实、不尚空谈的学风和文风,就连对下属机关和负责人的请示报告的批示也不表现出官长的腔调,深得人们的敬佩。我至今还常常想起,他主持国家出版局的工作达四年之久,最终都未去掉那个'代'字,而他却一直在兢兢业业地工作着,从未流露出一丝的怨言。"

四、破解"书荒"

陈翰伯主持国家出版局期间,"解放思想"、"改革开放"无疑是中国最重要的关键词。1978 年 5 月 10 日,中央党校内部刊物《理论动态》发表了经胡耀邦审阅定稿的《实践是检验真理的唯一标准》一文。5 月 11 日,这篇文章以特约评论员名义在《光明日报》发表,当天新华社转发,由此推动了全国自上而下的思想解放运动。同年 12 月 18—22 日,中共中央十一届三中全会在北京举行,拉开了改革开放的大幕。

就图书出版界来说,"文革"十年的图书封禁,给中国人尤其是青少年蓄足了阅读"饥渴感",在解放思想的洪流中,在恢复高考的喜悦中,中国迎来 1978 年到 1987 年改革开放第一个十年如饥似渴的

"读书热潮"。

从 1958 年到 1978 年，相隔三十年，陈翰伯再次成为图书出版机构的"一把手"。不同的是，三十年前，他是独立建制后的商务印书馆的"一把手"；而这一次，他是国家最高出版管理机构的"一把手"。作为出版管理机构的最高领导人，改革开放的时代给他提供了更大的表达思想、施展才能的舞台，也赋予他更大的使命，此时他已 64 岁，他面对的最大问题是，图书出版远远满足不了广大读者的需要。

他的责任和使命就是尽快破解"书荒"，解决民众的阅读"饥渴感"。

1."迎接少儿读物繁花似锦的春天"

破解"书荒"是从少儿读物开始的。少年儿童是民族和国家的未来，陈翰伯主持的国家出版局首先抓少儿读物的创作、编写和出版，以保证少年儿童在成长阶段有好书可读。1978 年 10 月，他筹划了在庐山召开的全国少年儿童出版工作座谈会，共青团中央、全国妇联、文化部、教育部等相关部门均派代表到会。他在会上作主题报告。

在讲话中，陈翰伯用数据对比"文革"前后少儿读物的出版情况：从 1949 年到 1978 年近三十年间，以 1965 年底为界分为前后两段，语文读物前一段出版 111 种，后一段出版 30 种；文艺读物前一段出版 4018 种，后一段出版 925 种；科技读物前一段出版 622 种，后一段出版 105 种；童话寓言等前一段出版 67 种，后一段出版 7 种。这些数字说明，"文革"爆发后少儿读物大大减少，少儿读物确实贫乏。

少儿读物为什么会如此贫乏？陈翰伯分析有四个原因：一是从

1966年开始，出版界受到波及，全盘否定了过去，也堵塞了未来十年的道路；二是社会上不重视少儿读物、不重视少年儿童；三是有关领导部门没有提到议事日程上来，没有重视培养作者，编辑人员也很少；四是作家队伍没有形成，许多作家感到从事少儿读物的写作不大光彩，社会上还流传着"小儿科"的说法，甚至把少儿读物叫作"下脚料"，得不到支持。

除此之外，在少儿读物的创作、出版中，思想禁锢依然有强大的惯性力量。打倒"四人帮"后的一段时间内，人们还在议论能不能出版童话、寓言、神话，而陈翰伯的态度鲜明而坚决，许力以回忆：

在庐山会议召开之前，我与翰伯一起为少儿读物的出版工作进行调研，有一次在交谈中，上海一位儿童读物作家和出版社的领导提出问题：安徒生的《皇帝的新衣》能不能出版？翰伯哈哈大笑。在"四人帮"横行的年代，这篇童话讽刺似乎有对象，使人"心有余悸"。翰伯说："这几年，假装穿着衣服的'皇帝'实在太多了，比较起来，能识破没有穿衣服的'皇帝'的实在太少了。安徒生这本书能教人揭穿虚伪的面目，当然应该出版。"[1]

"文革"十年对人们的思想影响巨大，让人们"心有余悸"，有人看到书中有"太阳"字样心就"怦怦跳"，对此陈翰伯说：

以太阳来歌颂伟大领袖毛主席这是可以的，但是，这只是比

---

[1] 许力以：《一位胸怀坦诚的共产党员——陈翰伯现在还在吗?》，《出版发行研究》2001年第7期。

喻。如果稿件中一提到太阳落山，就算是攻击，那么你对毛主席"残阳如血"、"一唱雄鸡天下白"等诗句，那该怎么办？如果有人编社会科学词典，把太阳作为政治词汇收进去，岂不是天大的怪事！

人们为什么会心有余悸？陈翰伯的答案是：

> 十年来大家都生活在同一的历史背景中，一个比较普遍的问题就是路线、理论、思想是非弄不大清楚。即使是遭到严重迫害的一些同志，对某些问题也有时说不出个道理来。十年来折腾了多次，从"黑线专政论"开始，然后"怀疑一切"，"打倒一切"，一九七四年批"复辟回潮"，一九七五年好转一些，一九七六年又批什么"右倾翻案"，一九七六年十月一举粉碎"四人帮"。

陈翰伯呼吁出版界要冲破思想"禁区"，对一些重要的文艺理论问题如"童心论"、"人道主义"等，他认为大家可以写文章讨论，表达不同意见。当时"童心论"、"人道主义"等问题尚有许多争议，但陈翰伯并不避讳表达自己的观点。

对于"童心论"，陈翰伯的观点是："儿童中心论"是杜威发明的，更早的卢梭《爱弥儿》中也有类似思想。儿童的思想会有阶级烙印，把儿童划为独立的世界是错误的。反过来，否认儿童特点也是错误的。儿童读物一定要随着儿童心理的变化，按规律去处理题材、体裁，并根据新时期的新特点，对儿童进行教育。

对于"人道主义"，陈翰伯的观点是：马克思主义并不是一般反对人道主义，而是放到一定的历史时期加以分析，区别对待。要承认阶级分析，但完全抹掉人性、人道是不行的。母爱也是禁区，我们讲阶级论，不提倡孝道，但赡养父母、尊敬老人还是需要。父母如果是敌对阶级，一定要划清思想上的界限，政治上的界限，这也不是说生活上不管。生活上不管，你划清了界限，政府要管，你就是让政府划不清界限。陈翰伯表示赞成爱人类的提法，毛主席说过无产阶级只有解放全人类才能解放自己。但他坦陈前几年不敢说这个话。

关于道德，陈翰伯的观点是：反对把道德看成抽象的、超阶级的东西，道德是上层建筑，无产阶级提倡共产主义道德，这与剥削阶级的道德有本质的区别。但这并不是说，中外古今的一切崇高的道德，如助人为乐、舍己救人等，统统都不能拿来教育人。共产主义道德不是天生的，是从古今中外的一切高尚的道德中提炼出来、发展起来的。他说："有人说，革命胜利了，直接进行马列主义教育就行了。不一定。连正义感都没有，还谈得上革命理想、情操、远大的抱负？这些问题，要靠我们的作家、编辑去闯这个禁区。"

一个掌管全国图书出版的最高领导，在十一届三中全会之前公开表达上述观点，表现了他的勇气和锋芒。陈翰伯呼吁作家冲破思想禁区，让思想和创作"从狭隘的走廊走到广阔的原野上去"，为少年儿童写出更多更好的作品。①

庐山全国少年儿童读物出版工作座谈会之后，1978 年 12 月 21

① 陈翰伯：《解放思想，勇闯禁区，迎接少儿读物繁花似锦的春天》，此篇是 1978 年 10 月 18 日在庐山召开的全国少年儿童出版工作座谈会上的讲话摘录，载于《陈翰伯文集》，商务印书馆 2000 年版。

日，国务院批转了国家出版局、教育部等七个部门《关于加强少儿读物出版工作的报告》，说明加快改善少儿读物的出版状况不仅在相关部门达成共识，也得到国家最高领导机构的支持。上下同心勠力，少儿读物出版状况较快得到改善。陈翰伯在 1980 年 5 月召开的全国出版工作座谈会上说："这个少儿读物会见效很快。我们希望到去年六月一日少儿读物能够出到一千种，现在统计上来了，去年一年出了一千七百多种。"①

其实，早在担任副局长时，陈翰伯就对少儿读物的出版做了大量具体细致的工作，他曾多次主持召开少年儿童出版社负责人的座谈会，听取改进和加强少年儿童读物出版工作的意见。中国少年儿童出版社的遇衍滨回忆，1977 年 5 月的一天，他来到出版社，对当时出版社领导小组组长胡德华说："小平同志说教育要从小抓起。中小学教育是打基础的教育，少年儿童读物是打基础的读物。你们是不是能为孩子们出版一套打基础的中国自己的少年百科全书？"出版社积极响应，很快制定了方案。当年 9 月，在听取出版社的方案汇报后，陈翰伯提出了自己的意见。他说："这套书应该专门讲基本知识，社会科学、自然科学、文学都要有；科学家的故事，人类认识事物的历史，也可以包括进去。科学制作、文学作品可以另搞。讲知识就是讲知识，不要讲空话，要改变文风。"他还强调"这套书一定要有自己的特点，要有孩子的特点。干巴巴不行，要有文采，能引人入胜，使人看了爱不释手。""要让读者看了，不光他自己能懂，还要能对自己的同学讲出来；不光自己喜欢看，还要让同学也

① 陈翰伯：《在全国出版工作座谈会上的讲话》，讲话时间是 1980 年 5 月 4 日。载于《陈翰伯文集》，商务印书馆 2000 年版。

喜欢看。读者看了自己讲不出来，这套书就算失败了。"对于这套书的编辑工作，他说："这套书编辑花的力量要比一般书大得多，希望你们多动脑筋。"后来，在另一次会议上他还说："少年儿童读物编辑要学一点教育学，心理学，要照孩子认识事物的规律来编写孩子读物。"对于这套书的作者工作，他指出："你们要注意发现和培养作者队伍，写得好的要给以精神的、物质的奖励。中学教师是我们的一批后备力量。"在另一次会议上，他还说过："我们应该多出几个科学文艺作家。苏联有个伊林，美国有个阿希莫夫。为了提高质量，培养这样一批作家，写一批使孩子爱不释手、互相传颂的东西，很有必要。"

陈翰伯帮助中国少年儿童出版社对少年百科全书制定了十六字方针，即"启发思想，丰富知识，培养能力，引起兴趣"。所谓启发思想，是以知识为主体，通过一系列生动有趣的故事和一个个有启发性的问题，把小读者带到发现这些知识的过程中去，引导他们自己一步步去寻求答案。所谓丰富知识，指把知识的"窗口"尽可能开大一些，把知识面尽可能拓宽一些。所谓培养能力，是通过讲多种多样的知识，培养少年读者的观察能力、判断能力、逻辑思维能力、创造能力、自己动手的能力和自学的能力。所谓引起兴趣，是强调图书的趣味性。这套书从 1978 年 2 月开始出版，到 1988 年底全部出齐，总计近二十种。它由国内知名的专家、学者及科普名家参与编写，代表了当时我国少儿百科出版物的整体水平。这套书全面地介绍了文理各学科（包括语言、文学、历史、数学、物理、化学、生物、天文、星际航行、地理、生理卫生以及科学史等）的基础知识和一些现代成就，出版后受到广泛好评，累计印行 5000 万册，可以说影响了一代人的成长。陈翰伯曾抱病在广播电台发表讲话，向小读者介绍这套书。[①]

对于全国少年儿童出版工作座谈会，陈翰伯直到 1986 年谈起来仍深感欣慰，他说："'四人帮'在这个领域里流毒很深，好像水银泻地，无孔不入。他们要在这个领域搞阶级斗争，还批判什么'童心论'。符合儿童要求的都不要，要去搞阶级斗争。因此我感到有开一次会的必要，在少年儿童读物领域内拨乱反正，解放思想。这个会1978 年 10 月在庐山开成了。"[②] 此次会议的主题、与会者尽管与少儿读物有关，但陈翰伯的讲话中心在于突破出书内容和出书方针上的禁锢，其解放思想的意义既深且广，因而其影响亦及于整个图书出版领域，远远超出了少儿出版工作的范围。

2. 推动旅游读物的出版

旅游读物也是陈翰伯重点推动出版的图书种类。相对于其他图书，旅游读物有一定的特殊性。1980 年 6 月份，国家出版局联合国家旅游局召开旅游出版工作会议，这在中国"是开天辟地第一次"。这次会议的召开当然与中国改革开放的形势有关，陈翰伯在会上说："1978 年中央强调了大办旅游事业，出版界才注意了这个问题。"

旅游出版工作会议是陈翰伯倡议召开的，许力以回忆：

> 翰伯办事总是想了又想，常常独出心裁。他善于独立思考，

[①] 以上参见遇衍滨：《陈翰伯和〈少年百科丛书〉》，《中国出版》1988 年 12 期。

[②] 陈翰伯：《一件小礼品》，载于《陈翰伯文集》，商务印书馆 2000 年版，第 211 页。此文写于 1986 年。

大概是青年时代在国民党统治区长期独立工作养成的。1980 年国家出版局联合国家旅游局召开旅游出版工作会议。这次会议也是翰伯倡议召开的。在解放思想、拨乱反正中，召开旅游出版工作会议，现在看来也是很特别的。人们看到今天的旅游热，无论是海外朋友来华旅游，还是国内人士自己出游，都是热闹非凡。政府为扩大内需，节日放长假，还组织和鼓励大家出去旅游。二十年前开这样的会，抓旅游读物的出版，翰伯的确有远见。①

会议从 1 月份开始筹备，国家出版局和旅游局成立两个小组，分头到陕西、四川、湖北和上海、浙江、福建等地调查。会议筹备过程中，出版局约请翻译和陪同谈话，听取他们的意见，并收集了不少旅游读物。经过数月的调查研究，陈翰伯提出旅游读物重点要认识三个方面的问题，第一，对内旅游读物与对外旅游读物的关系问题；第二，旅游读物不只是风景明信片、名胜简介、导游图三大件，而是包括大量的一般性读物；第三，编辑出版一定要解放思想。

对于对内旅游读物与对外旅游读物的关系，当时有一种观点认为旅游读物的主要对象应该是海外的游客，因为他们有钱、有工夫来我国旅游，而我国改革开放，正需要大量外汇。这种观点看起来很合理，得到大多数人的赞同。但陈翰伯认为旅游出版物的主要对象应该是国内人，因为以后主要还是国内人旅游。再说对国外旅游者来说，旅游资料靠我们的陪同和翻译人员加以介绍，如果不提供充分的文字材料，他们就介绍不了。所以陈翰伯认为大量的对内旅游读物是对外

---

① 许力以：《一位胸怀坦诚的共产党员——陈翰伯现在还在吗？》，《出版发行研究》2001 年第 7 期。

的基础，要大大发展中文旅游读物，在此基础上搞好外文旅游读物。

陈翰伯认同通过旅游加强对外宣传的主张，但他认为要正确认识对外宣传与对内宣传的关系。他说：

> 一个最简单的认识论上的问题，就是外国人不是中国人。我们中国人生长在这一片土地上，这个社会的政治、经济、文化、生活习惯等等，我们中国人都很熟悉，可是外国人不是中国人，他不熟悉。你对他讲话，或者写信，写文章，按照对中国人的习惯去讲，他不懂，这还不是失败？所以，最主要的问题是要弄清楚，外国人不是中国人，这样才能解决问题。

他认为多年来我们在对内宣传上，"习惯于说教，习惯于长篇大论，习惯于照本宣科"，而外国人不喜欢这一套。他呼吁各方面重视旅游读物的创造性、艺术性，不光作者要写出一些好的读物来，陪同人员、翻译人员也要发挥创造性和艺术性，这样才能达到对外宣传的目的。

1980 年，在"书荒"总体有所缓和的情况下，旅游读物却依然贫乏。为什么？陈翰伯指出一方面是因为物质条件的限制，当时的物质条件满足不了旅游读物对好纸、好油墨及电子分色机的需要，因而出版单位最怕出带图画的旅游读物，"一本书有几张照片，可费劲了"。另一个原因是十年浩劫的影响还很大。陈翰伯说："今年的四月初，有一阵传说，说要收了，当时我就说不相信，我说没有这么回事，我们还是照原定的计划筹备这个会议，没有什么收的。"陈翰伯指出，思想解放永远完不了。人类社会、人类历史在往前发展，人们的认识有时会落后于现实，因此要不断地解放思想。出于信念和出版领域最高领导者的职责要求，他不忘对解放思想加一个限定："我们说解放思想是长期的，并不是说百无禁忌，什么也不管了，这不行。我们还是要把解放思想与四个坚持①联在一起，离开了这四条你自己乱解放不行。""不光是旅游读物，各方面都要这样，既要解放思想，又要坚持四条原则。在我们的旅游读物里，黄色的、落后的、丑恶的，这个我们不要。解放思想也不解放这个。"

对于旅游读物在编辑出版中的解放思想，陈翰伯谈得很具体。如在旅游读物中怎么对待神话、传说、民间故事等难题，他明确表示："神话不是迷信，民间传说也不是迷信。哪一个国家都有民间传说，谁说民间传说是正史啊？讲讲这些，增加点趣味嘛。我们到外国去，听人家讲点传说，也觉得很有趣。"他以同理心而不是长官意志对待读者、对待编辑出版工作。他还用案例说明对一些传说不必硬加以批判："北京的天坛有个祈年殿，祈年殿是明清两代天子祭天的地方，希望风调雨顺，五谷丰登，这么说就完了。然后还得批判两句：五谷丰登跟老天爷没有关系，完全是迷信。这简直是废话。有人介绍天坛，说这个地方的围墙是方的，里边是圆的，说是反映了当时人的世界观，这还可以说一说。从前人就认为天圆地方，说这点就够了，不必说这也是迷信。不要把人家当傻瓜。这个是当前我们读物里碰见比较多的问题。"

旅游读物常遇到的问题还有在画面上怎样处理人物的问题。陈翰伯说："现在我们的旅游读物上的照片，尽量不要有人物出现，出现

---

① 1979年3月30日，邓小平代表中共中央在北京召开的理论工作务虚会上作了题为《坚持四项基本原则》的讲话。

也是远景，人很小，看不清人的面貌。"为什么会这样？是因为担心万一这人有问题怎么办，有了问题这本书就废了。陈翰伯说："这个事情实在是顾虑太多。群众场面总得让人看清楚，不出现人物这事情不好，弄得我们国家的画面都是没有人的。"他对画面上只登男，不登女，不登男女携手同行，不登烫头发的现象也提出批评，今天看来这是常识，当年可是重大的政治问题。他说：

　　见人物只见男，不见女，男女携手同行的，我在画面上从来没有看见。人民美术出版社和日本讲谈社合作出的那本《中国的旅行》，听说其中有一幅照片坚决要把它取消，就是一对男女在那里谈情说爱。人家外国人说，你们国家不谈情说爱，怎么会有10亿人口啊？这是荒唐事情嘛。我们国家的青年是不谈情说爱的，这人家也不相信嘛。

　　烫头发，前几年也不让登，说你是提倡什么思想。烫头发就是烫头发，有个什么思想呢？没有什么思想，就是烫头发。大概烫头发是资产阶级思想，剃光头就是无产阶级思想，剃那阴阳头是最革命的思想，简直是胡闹，思想不能从头发上来区别嘛。

　　如何对待风俗习惯？陈翰伯说："端午节吃粽子跟屈原联系起来，表示对屈原的怀念，这没有什么不好嘛。从中秋节讲到嫦娥奔月，以致少数民族中的各种节日风俗，都可以放胆来介绍。当然，某些可能是落后的东西，要注意。"①

---

　　①　以上参见陈翰伯：《谈旅游出版工作》，1980年6月27日，载于《陈翰伯文集》，商务印书馆2000年版，第146—160页。

纸张和印刷技术是制约出版的重要因素，这不是出版局能单独解决的。陈翰伯是一个干实事的人，他想尽办法推进纸张和印刷技术的改进。1979年1月，陈翰伯给胡耀邦写信，汇报印刷落后、纸张紧张的现状，引起胡耀邦的重视，专门召集相关部门商讨解决方案。①随着改革开放的发展，制约出版的纸张和印刷技术问题逐步得以解决。

五、《读书》与"读书无禁区"

改革开放后，文化学术界最具影响力的刊物无疑是《读书》，这是陈翰伯与陈原、范用、冯亦代、史枚等出版界前辈精心筹办的一份刊物。范用回忆：

> 大约在1970年前后，我和陈翰伯在湖北咸宁干校谈起办刊物，我们设想一旦有条件，还是要办读书杂志。②

彼时彼地谈论办刊，可以看作是劳作之余的闲聊，当然闲聊中也包含着期待。已过"知天命"之年的他们，在远离家人的集体生活中，想的聊的也许很多，少不了的话题的是年轻时代的理想和奋斗、图书和出版，自然也聊到了抗战时重庆的《读书月报》和抗战胜利后上海

---

① 参见陈翰伯：《关于印刷落后和纸张紧张情况的紧急报告》，载于《陈翰伯文集》，商务印书馆2000年版。

② 范用：《〈读书〉杂志的前生今世》，《文汇读书周报》2004年11月18日。

的《读书与出版》……抚今追昔，难免百感交集。

1. 筹办《读书》

《读书》杂志真正开始筹划是从 1978 年底开始的。

《读书》初创时，陈翰伯凭借自己在文化知识界积累的人脉，出面邀请文化界名流于光远、夏衍、黎澍、戈宝权、林涧青、郑文光、许觉民、曾彦修、许力以、王子野、陈原、范用组成《读书》编委会，《读书》编辑部冯亦代、史枚、丁聪、倪子明列席编委会。这些人从 20 世纪三四十年代就在文化、出版界工作，学养深厚，具有强烈的社会责任感，他们用自己的名望、经验、智慧为《读书》出谋划策、把脉定调。根据范用先生回忆，当时杂志名称初拟为《读书生活》，征求意见时，夏衍先生说，"读书"就好，何必"生活"，刊名遂由此而定为《读书》。

上述编委会成员许多不在出版界，他们各有重要工作，很难召集。在完成最初的筹划定调工作后，《读书》杂志从实际出发，重新组建了易于召集操作的编委会，即由陈原任主编，倪子明、冯亦代、史枚任副主编，具体编务由范用直接领导。冯亦代回忆道：1978 年秋深时，陈翰伯打电话约他去有事相商。见面后，"他告诉我他和陈原、范用、史枚几位同志，正想出版一份关于读书的杂志，他说你行政工作不做，编辑工作总可以做了。我连考虑也未加考虑，便说'这个工作我愿意做，是我想了许久的。'他爽朗地笑了，'那么就一言为定。'"[①]

---

① 冯亦代：《忆翰伯》，《陈翰伯文集》，商务印书馆 2000 年版，第 526 页。

后来的《读书》执行主编沈昌文说过，1980 年他进入《读书》杂志后，"发现编这杂志的都是大人物，而且都是刚挨过大整恢复名誉未久的著名人士。"①

不了解《读书》杂志创办内情的人，会觉得《读书》杂志的人员构成及隶属关系有些"古怪"：其主办单位是范用任总经理的三联书店，三联书店当时是人民出版社的副版，范用是人民出版社副社长兼副总编辑；但《读书》创办时属于国家出版局政策研究室；主编陈原既不是人民出版社的，也不是国家出版局的，而是商务印书馆的总经理兼总编辑。范用为主办《读书》杂志，曾立下军令状，他回忆说："当年人民出版社党组讨论《读书》杂志，曾经决定，这本杂志如果出问题，由范用负责。我是党员，当然要对党负责。《读书》每期清样我看了才签字付印，直到退休。"②

不可否认，如果没有陈翰伯的出版界"一把手"的职位和权力，就不可能有《读书》的降生；还必须承认，如果没有陈翰伯、陈原、范用、冯亦代等前辈的情怀、视野、卓识、智慧，就不可能有《读书》的孕育，遑论降生。《读书》引领了一个时代的文化方向，它提供的思想营养、文化视野及人文关怀精神影响了一代又一代的知识分子。《读书》的历史，反映了社会转型期的学术史、思想史，更折射了当代中国知识分子的心灵史。③ 这正是陈翰伯等出版前辈寄予《读书》的特殊使命。

《读书》杂志最早的编辑之一董秀玉做客《文坛开卷》时说，在

---

① 扬之水：《〈读书〉十年》（一）"沈昌文序"，中华书局 2011 年版。
② 范用：《〈读书〉杂志的前生今世》，《文汇读书周报》2004 年 11 月 18 日。
③ 《〈读书〉三十年——当代知识分子心灵史》，《中国新闻出版报》2009 年 5 月 18 日。

三联书店干了十几年校对，"等我到了《读书》杂志就不一样了，我发现我自己就知道傻干，但是思想境界不高，很多事情不懂。《读书》杂志对我的人生是一场洗礼，因为跟一些老同志在一起，跟大陆出版界最最优秀的老同志、老战士在一起，我天天跟着他们做筹备，商量整个过程，为国为民。实际上从1978年开始，时代就开始转变，大家提出来要追求真理，实践才是检验真理的标准。所以那是一个非常大的转折，我很有幸跟着这样一些老同志，在很艰难困苦的时期，顶着压力往前走。我们那时候做的文章都是非常令人兴奋的：《人的太阳必然升起》、《真理不是权力的奴仆》、《要为人道主义辩护》……那些文章当时看就觉得很热血沸腾、很壮烈。所以《读书》杂志在思想上对我的冲击很大，我觉得做出版、做文化是要有尊严的，这是一种担待，也是一种责任。"①

1979年4月，《读书》创刊号一发行，立即在思想、文化、学术领域引起极大影响。创刊号印刷5万册，几天内就发完了，马上加印5万册也很快销光。

2. 为《读书》确定文风

《读书》杂志在"编者的话"中申明："我们这个刊物是以书为主题的思想评论刊物。它将实现为四个现代化，为提高全民族的文化水平而服务。我们这个刊物以马列主义、毛泽东思想为自己的指导思想，坚决贯彻'百花齐放、百家争鸣'的方针，敢于打破条条框框，

---

① 董秀玉做客《文坛开卷》谈三联书店与读书人，新浪读书2012年12月26日。http://book.sina.com.cn/news/c/2012-12-26/1631390917.shtml。

敢于接触多数读者所感所思的问题。我们主张改进文风，反对穿靴戴帽，反对空话，反对八股腔调，提倡实事求是，言之有物。"

"编者的话"中提到的"改进文风"，就是陈翰伯的主张。陈翰伯曾经给《读书》杂志写了一个书面意见，提出改进文风的 11 条建议：

这里无甚高论，仅供改进文风参考。

1. 废除空话、大话、假话、套话。

2. 不要穿靴、戴帽。

说明：戴帽指文章第一段必须说上"自从粉碎'四人帮'以来，如何如何"。穿靴指文章最末一段必须说上"为……而奋斗"、"……而贡献力量"。当然这不是说不要宣传党的中心任务，而是要把这个精神贯彻到全文中去。

3. 不要用"伟大领袖和导师毛主席"；不要用"敬爱的周总理"、"敬爱的朱委员长"；不要用"英明的领袖华主席"。

4. 有时用"毛主席"，有时用"毛泽东同志"。注释一律用"毛泽东"。

5. 制作大小标题要下点功夫。不要用"友谊传千里"、"千里传友情"之类的看不出内容的标题。

6. 引文不要太多。只在最必要时使用引文。有时可用作者自己的语言概括式地叙述。

7. 尽量不用"我们不知道"、"我们认为"之类的话头，有时可用少量第一人称——我。

8. 可以引用当代人的文章，并注明出处。此类注释可以和有关经典作家的注释依次排列。

9.署名要像个署名，真名、笔名都可以。不要用"四人帮"横行时期令人讨厌的谐音式署名。不要用长而又长的机关署名。不要用"大批判组"、"理论组"。不要用"××××编写组"。

10.行文中说"一二人"可以，"十一二人"、"一二百人"也还可以，但千万不要说"一两万人"这一类空话。

11.不要在目录上搞"梁山泊英雄排座次"。①

经历过"文革"的人看到这个改进文风的建议也许会会心一笑。11条建议条条都有的放矢，针对的是一度盛行的恶劣文风。

陈翰伯给《读书》杂志改进文风的11条建议不仅针对时弊，对今天的文风也颇有指导意义，如废除空话、大话、假话、套话，不要穿靴、戴帽，不要用"友谊传千里"、"千里传友情"之类的看不出内容的标题，千万不要说"一两万人"这一类空话，不要在目录上搞"梁山泊英雄排座次"等。

3.重申"读书无禁区"

《读书》杂志创刊号第一篇文章是《读书无禁区》，这是《读书》杂志的约稿文章，算是"命题作文"。作者李洪林时任中国历史博物馆的党史研究室主任②，他应邀为《读书》创刊号撰写此文时，字字推敲；文章发表时，正文一字未改，只是标题《打破读书的禁区》，被

---

① 陈翰伯：《老生常谈话文风》，《陈翰伯文集》，商务印书馆2000年版，第110—111页。

② 李洪林后来历任中宣部理论局副局长、福建省社会科学院院长等职。

范用改为《读书无禁区》，态度更为明确和坚定。文章反对给阅读设置禁区，并依据宪法提出人民有读书的自由："我们没有制定过限制人民读书自由的法律。相反，我们的宪法规定人民有言论出版自由，有从事文化活动的自由。读书总算是文化活动吧。"①

《读书》从诞生之日起就受到广大读者的欢迎，同时也引发不少争议和反对。尤其是创刊号开篇宏文《读书无禁区》一石激起千层浪。范用回忆："当时出版主管机关找我谈话，批评《读书无禁区》的提法不妥。我说明此文写在党的十一届三中全会之后，目的是批判'四人帮'的文化专制主义，打破他们设置的精神枷锁，并未主张放任自流。文章有一段说得很清楚：'对于书籍的编辑、翻译、出版、发行，一定要加强党的领导，加强马克思主义的阵地。对于那些玷污人的尊严，败坏社会风气，毒害青少年身心的书籍，必须严加取缔。'"②

关于"读书无禁区"，反对声不少，有读者认为如果读书不把关，思想尚未成熟的未成年人就会被垃圾文学污染；如果图书禁门大开，封、资、修就会占领我们的文化舞台。这给了《读书》编辑部很大的压力。《读书》杂志创办两周年前夕，陈翰伯亲自撰写《两周年告读者》，重申"读书无禁区"。沈昌文回忆：

> 陈翰伯同我说事，常说的一句话是：我点头你就做，我摇头你甭干。凡事一弄清情况，他马上就 yes or no，绝少拖延不决。这不是说他没有民主作风。《读书》1981 年 4 月号上那篇《两周年告读者》，是他亲自执笔的。此老当时已贵为全国出版行业的

---

① 李洪林：《读书无禁区》，《读书》1979 年第 1 期。
② 范用：《〈读书〉杂志的前生今世》，《文汇读书周报》2004 年 11 月 18 日。

最高行政主管，但还是四十年代办报的那种亲力亲为作风，亲自
为报刊写社论。他为写此文，找我谈了不止一次，了解情况，征
求意见。后来写出初稿，再让我提意见。我当时为创刊号上那篇
题为《读书无禁区》的文章，觉得压力太大，请他关注。他要我
仔仔细细地说了情况，于是在文章中加了一大段态度鲜明的支持
这篇文章的话。此后十多年，我不时诵习此文，深深觉得自己同
前辈相比差距太大。十几年里，我为《读书》执笔的代表编辑部
说话的文字可谓多矣，可哪一篇有过如此鲜明的态度！①

在《两周年告读者》一文中，陈翰伯指出，一本杂志要吸引读者，
必须有自己的性格，《读书》的性格是什么，自己说了不算，要看读
者怎么说。他描述了《读书》在读者心目中的性格：

　　我们通过各种渠道听取读者的反映。我们分析读者来信，研
究报刊发表的评论，召开读者座谈会，有时也请几位同志到我
们编辑部来海阔天空一番。大家对本刊的性格大致有以下描述：
一，你们（指本刊）解放思想。历经两个寒暑，你们不怕顶头逆
风，不信歪门邪道，解放思想的旗帜始终鲜明，不含糊，不吞
吐，我们（指读者）正想说的话，被你们说出来了。二，你们平
等待人。有不同意见，可以批评，可以讨论。然而又不是无休止
的争论，到时适可而止，以后再有新意，还可继续商量。你们只
用批评的武器，不用武器的批评。打棍子的文章你们不登；这样

①　沈昌文：《出于无能——忆〈读书〉》，《南方周末》2000 年 11 月 9 日。

好，我们赞成。三，你们提供知识。十年浩劫，草木凋零，当前，老、中、青三代各有各的知识饥渴。你们博采中外，掇拾古今，我们每读一篇或长或短的文章，总会觉得有所受益。四，你们文风可喜。一般没有废话、空话，帮腔帮调不用说，八股文那套起承转合，洋洋洒洒，不知所云的东西也比较少。两年前，你们刚刚创刊时已在文坛率先倡议，注意文风，我们双手赞成。

针对"读书无禁区"的各种不同反响，《两周年告读者》重申赞成"读书无禁区"的主张，文章指出：

在我们的当代史中，人人尽知，确实发生过史无前例的禁书狂飙。"四人帮"垮台后，风沙虽然已过，不敢重开书禁的还大有人在。当时我们针对时弊，喊出"读书无禁区"，深受读者欢迎，我们非常感激。尽人皆知，谁也没有不加分析地提倡"开卷有益"，胡乱读书。何况在《读书无禁区》一文中，作者早已说过："对于书籍的编辑、翻译、出版、发行和阅读，一定要加强党的领导，加强马克思主义的阵地。对于那种玷污人类尊严，败坏社会风气，毒害青少年身心的书籍，必须严加取缔。因为这类图书根本不是文化。它极其肮脏，正如鲁迅所说，好像粪便或鼻涕。"我们引此长段，在于说明最初一文已把话说在前头；大可不必草木皆兵、杞人忧天。就此问题，本刊曾经发表过不同意见，今后我们对一些读者关心的问题仍然打算这么办。再补充一句：凡在本刊发表的文章，不就是代表本刊编辑部的观点。文责自负嘛，人人都可以对某篇文章发表不同观感。

《两周年告读者》申明："本刊提倡读书之风，思考之风，探讨之风，和以平等待人之风，期以蔚为风气。越来越多的人有此四风，对于克服官僚主义、改革领导体制，促进我国'四化'都会发挥无穷无尽的思想力量。"

六、未竟之志

中共十一届三中全会后，在风起云涌的改革大潮中，陈翰伯利用国家出版局"一把手"的有限任职时间，在解决"书荒"的同时，也致力于出版体制的改革和出版制度的建设。

第一，改革地方出版方针。20 世纪 50 年代初期，中央针对地方出版社制定了"地方化、群众化、通俗化"的"三化"方针，1958年和 1963 年，两次全国出版工作会议又重申这个方针，严格限制地方出版社的图书出版。1979 年 12 月，在陈翰伯主持召开的全国出版工作座谈会（后来简称为"长沙会议"）上，参会者就地方出版社工作方针问题分成了两派。改革派主张调整地方出版工作方针，他们的观点是科学文化知识没有国界，更没有省界；在改革开放的新时期再念"地方化、群众化、通俗化"的"经"，就是束缚地方出版社的积极性；固守"三化"，就是思想僵化，画地为牢。因此，他们主张让地方出版社同京、沪两地的中央出版社和部属出版社展开平等竞争，以提高整个出版界的活力，多出好书，满足广大读者的需要，繁荣图书市场。而反对调整地方出版方针的一派，强调地方出版社应继续遵循中央的"三化"方针，他们的理由是，原来京、沪两地出版社面向全国出版图书尚且经常发生矛盾，如果让地方出版社都面向全国出书，定会引起图书市场的混乱。

面对两种不同意见的争论，主持会议的陈翰伯实践他自己所说的"敢于领导，敢于负责"，不做"无意志的长官"的承诺。他站在改革派一边，支持改革地方出版社的工作方针，他干脆利落地表示：

> 地方出版社的同志要求立足本省、面向全国或兼顾全国，可以试行。地方出版社出书不受"三化"限制。[①]

用"立足本省（后来改为立足本地）、面向全国"的方针代替"地方化、群众化、通俗化"的方针，不仅突破了"文革"设置的禁区，也突破了"文革"前十七年既定的妨碍出版事业发展的条条框框。事实证明，地方出版社"立足本地、面向全国"方针的确立，解放了地方出版的生产力，对促进全国出版事业的繁荣和持续发展产生了深远影响。

第二，整理、修订《出版社工作暂行条例》。在1979年12月的"长沙会议"上，陈翰伯主持修订了《出版社工作暂行条例》，1980年4月获中宣部批准。此条例第一条是"出版社的方针任务"。规定出版社的方针除了"坚持社会主义道路，坚持无产阶级专政，坚持共产党的领导，坚持马克思列宁主义、毛泽东思想，必须为人民服务，为社会主义服务"的政治方针，还强调要"实行百花齐放、百家争鸣，洋为中用、古为今用"的学术方针。出版社的任务是动员和组织著译力

---

① 1979年12月11日，陈翰伯在长沙召开的全国出版工作座谈会上的讲话摘录。《陈翰伯文集》，商务印书馆2000年版，第108页。

量从事创作、编著和翻译，出版为国家和人民所需要的图书，除了承担"宣传马克思列宁主义、毛泽东思想"的政治任务，还强调承担"传播、积累科学文化技术知识和成果"；"丰富人民的精神文化生活"两项任务。今天看来，确定这样的出版方针和任务似乎平淡无奇，但在当时却煞费心思。陈翰伯说：

> 从粉碎"四人帮"以后，我们就不断地讨论，不断地商量，不断地起草，也可以说是若干年来正反两方面经验的总结。我们有前些年混浊时期反面的东西的教训，后来这几年来在党中央领导下走上正轨，又有了这样的一些经验。我们现在就规定得比较宽广一点，不是像从前说的，出版工作就是"两批判、两宣传"，那样的胡同越来越窄。现在的规定，我们也不是说就是绝对的。形势还在发展，可能还有更完善的提法。到目前为止，我们就暂时写这样一段，看起来最近一个时期或者较长时期应该执行这一条。[①]

《出版社工作暂行条例》除了规定出版社的方针和任务，还涉及图书的质量与数量、出书规划与计划、作者工作、编辑工作、印校工作和发行工作、图书的宣传和评介工作、经营管理和后勤工作、干部工作、党的领导等内容。

第三，主张制定《出版法》。在商务印书馆出版的《陈翰伯文集》中，收录了陈翰伯1980年10月9日写给中共中央书记处的报告，题

---

① 陈翰伯：《全国出版工作座谈会上的讲话》，1980年5月4日，《陈翰伯出版文集》，中国书籍出版社1995年版，第35页。

目是《如何保障宪法规定的出版自由》。在这份报告中，陈翰伯直面现实。

他在报告中说，1979 年夏，"随着'西单墙'和自发组织、自发刊物的出现，要求出版自由的呼声甚高，向出版部门登记出版自发刊物者甚多。"如何处理这个问题？陈翰伯提出一个原则，即"实行出版自由要有利于安定团结和教育大多数群众，孤立和打击极少数。就是说，要使大多数人的正当的出版要求得到保证，使极少数人闹不起来，即或闹一阵子，也不至于造成社会动乱。"

作为体制内精通出版的内行，陈翰伯为执政党着想，以文化的繁荣活跃、社会的长治久安为目标，提出了三条落实出版自由的具体办法：其一，对于现有的体制内出版物，要放宽尺度，除了违反宪法（以及各种法律）、违反国家基本政策以及诽谤、荒诞的东西之外，都不应用行政手段限制其出版，真正做到不同思想、理论、学派都有充分发表其著作和作品的机会，使这些出版物既成为党的宣传舆论的工具，又是人民群众发扬社会主义民主和发展科学文化的园地。其二，允许确有需要又有条件的部分机关、团体、学校、科研单位办出版社、办刊物（不以赢利为目的），为各方面的专业工作者和人民群众增加一些发表自己的研究、创作成果和主张的园地。其三，在认真做好上述两方面工作的同时，有条件地允许人民群众自办出版社、自办刊物（同仁出版社、自发刊物），只要他们同意在政治上文责自负、在经济上自负盈亏，就准予登记。

为了实行宪法规定的言论自由和出版自由，陈翰伯建议出版立法："需要制定一部出版法或新闻出版法。"如何立法？他主张"从我国的实际情况出发，适当参考资产阶级民主的某些经验和方法，探索并逐步形成一套实行社会主义出版自由的制度。"他提议："立即着手进行调查研究，制定我国的出版法或新闻出版法，使宪法规定的出版自由得以正确地贯彻执行。"

1982 年，陈翰伯卸任国家出版局行政职务。此后，他以出版工作者协会主席和名誉主席的名义关注出版动态，出席各种出版会议。他行动不便，有一个生活秘书陪同出行。他半身不遂，日渐衰弱，本该颐养天年，却对出版痴心不改，直到生命的最后一天：

去世前一个星期，他和老朋友陈原等出版界熟人一起筹划着编一种冲破海峡人为障碍的出版物，讨论中他明显体力不支，但却兴致盎然。①

去世前一天，8 月 25 日，他出席了《读书》杂志服务日，是一个介绍浙江文艺出版社《学术小品丛书》的座谈会，此丛书由陈平原等著。冯亦代回忆：陈翰伯对这套丛书的设计很欣赏，他说："现在出版界正面临着一个困难时期，有这样的丛书出版，是会给出版社以启发的。"他话不多，神情低沉，默默地坐在那里，冯亦代从他的眼光里，看到了"他对为之辛勤一生的文化和出版事业的忧虑"②。

1988 年 8 月 26 日凌晨，陈警到父亲卧室看要不要帮父亲起床穿衣服，发现他已经去世。

他静静地走了，带着他的未竟之志、未了心愿。

① 陈原：《记陈翰伯》，商务印书馆 2000 年版，第 501 页。
② 冯亦代：《忆翰伯》，商务印书馆 2000 年版，第 524 页。

陈翰伯编辑出版大事年表

1914 年

3 月 14 日，陈翰伯出生于天津。其父陈受之，天津济安自来水公司员工；母亲为家庭妇女。

1932 年　18 岁

秋，考入燕京大学新闻学系。

1933 年　19 岁

夏，任燕京大学学生会《燕大周刊》部副部长。

1935 年　21 岁

5 月，当选燕京大学学生会膳务部部长。后改任文书，兼管膳务部。

6 月，以王孝风为笔名，发表《日本侵华的动机与背景》于《燕大周刊》1935 年 6 卷 3 期。

1936 年　22 岁

在邹韬奋的《大众生活》发表有关南下扩大宣传团的通讯，所得稿费购买 29 本艾思奇的《大众哲学》，分赠南下扩大宣传团同队队员。

2 月，在燕京大学加入中国共产党。

7 月，以王孝风为笔名，发表《一二·九以来燕大学生在学运中的地位》于《燕大周刊》1936 年 7 卷 6 期。

是年，完成毕业论文《非常时日本之新闻事业》。

11 月底，到达西安，经同学张兆麐介绍，在东北军张学良将军所办的《西京民报》任编辑。

12 月，任《西京民报》总编辑。

12 月 15 日或 16 日，《西京民报》建立党支部，被指定为党支部书记。

1937 年　23 岁

3 月，经宋绮云介绍到杨虎城西北军所办《西北文化日报》任副刊编辑、国际新闻编辑，并担任社论撰写工作。

5 月，陪同美国记者埃德加·斯诺的夫人海伦·福斯特·斯诺前往延安，前后约 18 天。

1939 年　25 岁

春，经罗世文介绍进入钟汝为办的《新民报》工作，专门负责写社论。

夏，在中共和民主各党派合办的《全民通讯社》成都办事处主持发稿工作。同时兼任《新民报》工作。

1940 年　26 岁

春，全民通讯社社长周科征被捕，仍坚持隐蔽地在成都发稿。

1941 年　27 岁

是年初，全民通讯社停办。

3 月，从成都赴重庆工作。在《时事新报》从事夜班国际新闻编辑工作。中共组织关系由潘梓年负责，单线联系。

10 月，经周恩来介绍，到苏联大使馆新闻处工作，翻译英文电讯稿和报刊文章，编辑一个小刊物。

1942 年　28 岁

春，第二次到《时事新报》工作，先后任资料室主任、采访部主任。经常用"本报资料室"作为署名，写国内外时事述评之类的文章。

是年，与戈宝权、孔罗荪等为重庆读书出版社编辑《学习生活》月刊。

1943 年　29 岁

10 月，第二次辞职《时事新报》，到孙伏园、刘尊棋创办的中外出版社工作至次年 4 月，主要编辑《文汇周报》。同时在"民治新闻专科学校"教新闻采访和编辑课。

1944 年　30 岁

5 月，第三次进入《时事新报》报馆工作，任资料室主任。

6 月，陈翰伯编译的《华莱士》由重庆双江书屋印行。

9 月底，第三次辞职《时事新报》。主要在中外出版社工作，编辑《文汇周报》，也卖过书收过账。

是年，与朱葆光合译的《逃出巴尔干》，由重庆的中外出版社印行。

1945 年　31 岁

3 月，翻译美国新闻处特派员裴克（Graham Peck）写的《缅北行》，署名陈翰伯，由美国新闻处印行，非卖品。

9月，进入陈铭德的《新民报》，任副总编辑，负责《新民报》晚报的新闻。

12月，与朱葆光合译的《逃出巴尔干》由北平中外出版社再版。

1946年　32岁

4月，《联合晚报》创刊，任总编辑。

4月23日，署名陈翰伯在《世界知识》发表《美军与中国内战》。

4月30日，署名陈翰伯在《世界知识》发表《美英苏的对华政策》。

是年，经中共组织同意，由王纪华、陆诒介绍参加民盟。

1947年　33岁

1月，以梅碧华为笔名在《世界知识》发表《论美国反劳工法》。

2月，以梅碧华为笔名在《世界知识》发表《动荡中东南亚——荷兰，你太迟了!》、《英国经济危机鸟瞰》等文。

《联合晚报》被封以后，陈翰伯参与生活书店的刊物《读书与出版》的编委工作，与杜国庠、戈宝权、周建人等组成编委会，陈原为执行编辑。

1948年　34岁

1月，以王孝风为笔名在《世界知识》发表《环绕华盛顿的双边协定》。

是月，以梅碧华为笔名在《世界知识》发表《南斯拉夫事件中的经济政策问题》。

2月，以梅碧华为笔名在《世界知识》发表《四强谈判前瞻》。

3月，翻译的美国记者劳台巴赫（R. E. Lauterbach）《麦帅陛下》，由世界知识出版社刊行，署名陈翰伯。

12月，署名梅碧华著的《中美之间》由上海的新知书店出版。

12月，署名梅碧华著的《国会与政府》由世界知识社出版。

1949年 35岁

3月，被分配到新华通讯社总社工作，任国际组组长。后来该社成立编委会，为编委之一。

6月，新华总社任命陈翰伯为新闻训练班班主任。

11月，政务院新闻总署宣告成立，同时宣布新闻训练班改名为北京新闻学校，新闻总署副署长范长江兼北京新闻学校校长，陈翰伯任副校长，是学校实际负责人。

1950年 36岁

1月31日，署名陈翰伯在《世界知识》发表《国际问题解答》。

8月14日，署名陈翰伯在《世界知识》发表《美国不能逃避正义的裁判》。

12月，署名陈翰伯的《朝鲜战争的新发展》由世界知识出版社出版。

是年底，根据中央凡是参加了民主党派的党员，都不要和该组织脱掉关系的通知，参加新闻总署及所属六个单位成立的民盟支部。

1951年 37岁

3月26日，署名陈翰伯在《世界知识》发表《论目前朝鲜战局》。

6月18日，署名陈翰伯在《世界知识》发表《侵略者救不了自己》。

9月3日，署名陈翰伯在《世界知识》发表《美国无意恢复朝鲜停战谈判》。

10月，利用新闻学校的资源，中共中央宣传部办起宣传干部训练班，胡乔木任班主任，陈翰伯任秘书长，主持日常工作。

1953年 39岁

6月，中共中央宣传部宣传干部训练班结束后，陈翰伯任中宣部理论宣传处副处长。处长是许立群，副处长有于光远、陈翰伯等五人。具体工作是《学习》杂志责任编委。

1954 年　40 岁

10 月至 12 月，随中国科学普及协会代表团到苏联访问。团长是茅以升，陈翰伯任副团长。

是年，埃德加·斯诺访问中国。时任商业部长姚依林宴请埃德加·斯诺，陈翰伯作陪。

1957 年　43 岁

是年底，中央决定调一万人到高等学校工作，中宣部拟定的四人中有陈翰伯，陈翰伯有意愿到燕京大学新闻学系工作。后中宣部决定陈翰伯到商务印书馆工作。

1958 年　44 岁

3 月 28 日，就任商务印书馆总编辑。总经理是郭敬。

4 月，商务印书馆建立《词源》组，专门负责《词源》修订工作。

7 月，商务印书馆由中央文化部领导改属北京市委领导。郭敬调任北京市出版局局长，陈翰伯任商务印书馆总经理兼总编辑。至 1961 年，商务印书馆又改属中央文化部领导。

1959 年　45 岁

春，兼任北京编译社总编辑，至 1962 年初。

1961 年　47 岁

5 月，署名陈翰伯在《前线》发表《百家争鸣，探求真理》。

是年，中宣部召开文科教材会议，商务加速出书配合高校需要。

胡愈之主编《知识丛书》，由六个出版社出版，商务印书馆分担部分任务。

商务编印《外国历史小丛书》，吴晗任主编。

商务编印《近代现代外国哲学社会科学人名资料汇编》。

1962 年　48 岁

2 月，主持举办商务印书馆 65 周年纪念活动，同时举办馆史展览。

4 月 12 日，署名陈翰伯在《文汇报》发表《关于科学史上的错误观点》一文，引发关于真理和错误关系的讨论。

5 月，在《前线》发表署名王孝风的文章《杂谈开书目》。

9 月 27 日，署名陈翰伯在《文汇报》发表《真理是一个过程》。

是年，埃德加·斯诺访问中国。乔冠华宴请埃德加·斯诺，陈翰伯作陪。

1963 年　49 岁

拟定了"翻译和出版外国哲学、社会科学重点著作十年（1963—1972）规划"。

1964 年　50 岁

8 月至 9 月，参加北京科学讨论会工作，任政治法律学科委员会秘书，主任和副主任是外国人。讨论会结束后，任论文编辑委员会副主任。

9 月，署名陈翰伯在《世界知识》发表《世界科学史的光辉篇章》。

12 月，被周扬派往文化部参加整风，任出版局工作组组长。

1965 年　51 岁

9 月，世界科协代表大会在匈牙利布达佩斯召开，中国代表团出席，团长是周培源，副团长是于光远。于光远提名陈翰伯参加代表团。

10 月 3 日，到文化部出版局任局长，仍兼任商务印书馆总经理、总编辑，主要在商务印书馆上班。

12 月底，到通县农村了解商务印书馆编辑《农村词典》小组的工作情况。

1972 年　58 岁

春节前，从"五七干校"调回北京，任人民出版社领导小组成员，分管编辑工作。

1973 年　59 岁

9 月，经国务院批准，将国务院出版口改为国家出版事业管理局（简称国家出版局），毛主席著作出版办公室的对外名称予以撤销。陈翰伯出任国家出版事业管理局领导小组成员，先后协助徐光霄、石西民分管出版业务工作。

1974 年　60 岁

7 月，根据周周恩来总理 1971 年在全国出版工作座谈会上的指示，计划制订一个较长时期的辞书出版规划，组织起由陈原、方厚枢等参与的规划小组。

10 月下旬，就辞书出版规划一事，率小组到上海部分高校和出版社进行调查，返京后又在北京继续调查，先后召开三十多次座谈会。

1975 年　61 岁

5 月 23 日至 6 月 17 日，经国务院批准，在广州主持国家出版局召开的中外文语文词典编写出版规划座谈会。会议制定了 1975 年至 1985 年编写出版 160 部中外语文词典的规划（草案）。经周恩来批准，国务院于 8 月 22 日向全国批转了座谈会的报告。

9 月，《汉语大词典》上马，陈翰伯任领导小组组长，副组长 6 人。

10 月，代表国家出版事业管理局到西藏拉萨召开藏文图书出版协作会议。

1976 年　62 岁

1 月 15 日至 23 日，主持广州修订《词源》协作会议。

1977 年　63 岁

5 月 15 日，就《汉语大辞典》的编写情况及设立上海编纂处的必要性写信给胡耀邦，第二天便得到"原则同意，请努力进行"的批示。

5 月，中央派王匡、王子野来国家出版局主持清查工作和日常业务工作，陈翰伯协助新任出版局局长王匡开展出版工作。

1978 年　64 岁

3 月，任国家出版局副局长。

7 月，王匡离任出版局局长，陈翰伯被国务院任命为国家出版局代局长。

10 月，主持国家出版局在江西庐山召开的全国少儿读物出版工作座谈会，在大会上作了"解放思想，勇闯禁区，迎接少儿读物繁花似锦的春天"的讲话。讨论、制定了《1978 至 1980 年部分重点少儿读物出版规划》。

1979 年　65 岁

4 月，经中宣部批准，中国出版工作者协会成立，陈翰伯被推选为第一届主席。

6 月，中国出版代表团一行 10 人访问英国出版协会等机构，陈翰伯为团长，陈原为副团长。

11 月，邓小平接见美国不列颠百科全书出版公司副总裁，陈翰伯等陪同。

12 月 8 日至 19 日，在湖南长沙主持召开全国出版工作座谈会（简称"长沙会议"），为地方出版社确定了"立足本地、面向全国或兼顾全国"的方针，促进了地方出版工作的大发展。

12 月 20 日至 21 日，中国出版工作者协会（简称中国版协）在长沙举行成立大会，推举陈翰伯为主席，徐伯昕等 9 人为副主席。

1980 年　66 岁

4 月 22 日，中央宣传部转发国家出版局制定的《出版社工作暂行条例》，包括出版社的方针任务、图书的质量与数量、出书规划与计划等十个部分，共四十条。

5 月 26 日，国家出版局党组上报《关于加强同国外合作出版的报告》，经国务院、中央宣传部批准执行。

5 月 28 日至 6 月 12 日，以团长的身份率中国出版代表团访问美国政府印刷局等相关机构。此次访美中，陈翰伯拜访了老朋友海伦·福斯特·斯诺。

10 月 9 日，给中共中央书记处提交报告，题为《如何保障宪法规定的出版自由》。

1981 年　67 岁

4 月，以"本刊编辑部"的名义，在《读书》杂志发表《两周年告读者》，重申"读书无禁区"。

9月8日，关于《汉语大词典》工作给中央提交报告。

1982年　68岁

是年，国家机构改革，国家出版事业管理局并入文化部，陈翰伯不再担任出版局行政职务，仍任中国出版工作者协会主席。

1983年　69岁

12月5日，与吕叔湘、罗竹风联名给中央写信，提出加强、改进《汉语大辞典》的措施和建议。

1985年　71岁

4月10日，中国出版工作者协会第二届全国出版研究年会在四川峨眉举行，陈翰伯作为协会出席主持会议并致开幕词。

9月7日，再次与吕叔湘、罗竹风联名给中央写信，提出加强、改进《汉语大辞典》的措施和建议。

1987年　73岁

1月，为纪念商务印书馆九十周年，写了《从小读者到老编辑》一文，回顾与商务的缘分。

1988年　74岁

8月25日，出席《读书》杂志服务日。

8月26日，在北京逝世。

参考文献

高崧、胡邦秀编：《报人出版家陈翰伯》，人民出版社 1990 年版。

《陈翰伯出版文集》，中国书籍出版社 1995 年版。

《陈翰伯文集》，商务印书馆 2000 年版。

陈翰伯编译：《华莱士》，重庆双江书屋 1944 年版。

陈翰伯、朱葆光合译：《逃出巴尔干》，重庆中外出版社 1944 年版。

陈翰伯译：《麦帅陛下》，世界知识出版社 1948 年版。

梅碧华著：《中美之间》，上海新知书店 1948 年版。

梅碧华著：《国会与政府》，世界知识社出版 1948 年版。

陈翰伯著：《朝鲜战争的新发展》，世界知识社 1950 年版。

哲学研究编辑部编：《真理问题讨论集》，上海人民出版社 1964 年版。

陈翰伯、陶大镛等：《学习斯大林的学说》，中国青年出版社 1953 年版。

中华人民共和国新闻出版署政策法规司：《中华人民共和国现行新闻出版法规汇编》，人民出版社 1997 年版。

中国出版工作者协会编辑：《中国出版年鉴》，商务印书馆 1980 年版。

中国新闻出版研究所编：《中华人民共和国出版史料》（14），中国书籍出版社 2013 年版。

中共中央文献研究室:《周恩来文化文选》,中央文献出版社 1998 年版。

胡愈之:《我的回忆》,江苏人民出版社 1990 年版。

曾彦修:《平生六记》,读书·生活·新知三联书店 2014 年版。

陈原:《总编辑断想》,辽宁教育出版社 2001 年版。

陈原:《陈原序跋文录》,商务印书馆 2008 年版。

方汉奇:《中国新闻事业通史》第 2 卷,中国人民大学出版社 1996 年版。

方汉奇、王润泽主编:《中国人民大学新闻学院藏稀见民国新闻史料汇编》,国家图书馆出版社 2012 年版。

方厚枢、魏玉山:《中国出版通史:中华人民共和国卷》,中国书籍出版社 2008 年版。

方厚枢:《出版工作 70 年》,商务印书馆 2015 年版。

刘杲、石峰主编:《新中国出版五十年纪事》,新华出版社 1999 年版。

薛德震:《夜读与晨思——薛德震自选集》,人民出版社 2014 年版。

胡企林:《书林拾叶》,商务印书馆 2005 年版。

汪家熔:《商务印书馆史及其他——汪家熔出版史研究文集》,中国书籍出版社 1998 年版。

汪家熔:《近代出版人的文化追求》,广西教育出版社 2003 年版。

《当代中国》丛书编辑部:《当代中国的出版事业》,当代中国出版社 1993 年版。

李家驹:《商务印书馆与近代知识文化的传播》,商务印书馆 2005 年版。

吴永贵:《民国出版史》,福建人民出版社 2011 年版。

《商务印书馆九十年》,商务印书馆 1987 年版。

《商务印书馆九十五年》,商务印书馆 1992 年版。

王涛:《商务印书馆一百一十年》,商务印书馆 2009 年版。

于殿利等编著:《品牌之道——商务印书馆》,商务印书馆 2008 年版。

王学哲、方鹏程著：《商务印书馆百年经营史（1897—2007)》，华中科技大学出版社 2010 年版。

史建桥、乔永、徐从权：《〈辞源〉研究论文集》，商务印书馆 2009 年版。

宋木文：《亲历出版 30 年——新时期出版纪事与思考》，商务印书馆 2007 年版。

张大民：《天津近代教育史》，天津人民出版社 1993 年版。

唐克扬：《从废园到燕园》，生活·读书·新知三联书店 2009 年版。

刘仲华：《北京教育史》，人民出版社 2008 年版。

林牧茵：《移植与流变——密苏里大学新闻教育模式在中国（1921—1952)》，复旦大学出版社 2013 年版。

张玮瑛等主编：《燕京大学史稿 1919—1952》，人民中国出版社 1999 年版。

赵荣声、周游编：《一二·九在未名湖畔》，北京出版社 1985 年版。

黄华：《亲历与见闻——黄华回忆录》，世界知识出版社 2007 年版。

蒋南翔：《蒋南翔文集》，清华大学出版社 1998 年版。

杨述：《一二·九漫语》，三联书店 1981 年版。

姚锦：《姚依林百夕谈》，中共党史出版社 2008 年版。

乔松都：《乔冠华和龚澎：我的父亲母亲》，中华书局 2008 年版。

新民晚报史编纂委员会主编：《飞入寻常百姓家：新民晚报七十年史》，文汇出版社 2004 年版。

赵则玲：《报界宗师——赵超构评传》，浙江大学出版社 2009 年版。

《陆定一文集》，人民出版社 1992 年版。

《周扬文集》第一卷，人民文学出版社 1984 年版。

《周扬文集》第二卷，人民文学出版社 1985 年版。

巴金：《随想录》，读书·生活·新知三联书店 1987 年版。

韦君宜：《思痛录》，北京十月文艺出版社 1998 年版。

陈白尘:《牛棚日记》,读书·生活·新知三联书店 1995 年版。

李辉:《监狱阴影下的人生——刘尊棋传》,湖南文艺出版社 1990 年版。

李辉:《与于光远谈周扬》,载《往事苍老》,花城出版社 1998 年版。

陈徒手:《故国人民有所思——1949 年后知识分子思想改造侧影》,读书·生活·新知三联书店 2013 年版。

严平:《潮起潮落:新中国文坛沉思录》,人民文学出版社 2016 年版。

岳南:《南渡北归》,湖南文艺出版社 2011 年版。

扬之水:《〈读书〉十年》(一),中华书局 2011 年版。

沈昌文口述:《知道》,花城出版社 2008 年版。

李开:《现代词典学教程》,南京大学出版社 1999 年版。

遇衍滨:《陈翰伯和〈少年百科丛书〉》,《中国出版》1988 年第 12 期。

世平:《编辑工作一席谈——访陈翰伯同志》,《编创之友》1982 年第 3 期。

宋木文:《陈翰伯同志对出版工作的重大贡献——〈陈翰伯出版文集〉补遗》,《出版发行研究》1996 年 7 月。

汪家熔:《忆商务印书馆的陈翰伯时期》,商务印书馆官网。

丘权:《〈外国历史小丛书〉是“香花”,不是“毒草”——兼怀历史学家吴晗同志》,《读书》1979 年第 2 期。

方厚枢:《为辞书出版事业的繁荣竭尽心力的陈翰伯》,商务印书馆官网“纪念陈翰伯之四”。

方厚枢:《当代中国出版史上一次特殊的会议——记 1971 年全国出版工作座谈会》,《出版史料》2007 年第 1 期。

方厚枢:《陈翰伯与辞书出版工作》,《辞书研究》2000 年第 5 期。

许力以:《一位胸怀坦诚的共产党员——陈翰伯现在还在吗?》,《出版发行研究》2001 年第 7 期。

曾彦修:《陈翰伯——一个近乎“完人”的人》,商务印书馆馆史资料第 5 期。

张惠卿：《"灰皮书"的由来和发展》，《书摘》2015 年 9 月。

林尔蔚：《陈翰伯与"辞源开新宇，名著集大成"》，商务印书馆馆史资料第 5 期。

张稷：《北京商务印书馆的奠基人——陈翰伯》，《新华文摘》2008 年第 6 期。

张稷：《我在商务一辈子——林尔蔚访谈录》，《中华读书报》2013 年 1 月 9 日。

尚丁：《陈翰伯同志二三事》，《新闻研究资料》1989 年第 6 期。

陈理源：《一封未寄出的信——对陈翰伯同志回忆录的几点订正》，《新闻研究资料》1991 年第 3 期。

陈铭德：《新民报二十年》，全国政协《文史资料选集》63，中华书局 1979 年版。

林玉山：《近现代时期——中国辞书编纂成熟期》，《辞书研究》1997 年第 5 期。

王益：《重视出版史的研究——为汪家熔出版史研究文集写的序》，《编辑学刊》1998 年第 2 期。

沈岳如：《〈辞源〉修订史略》，《辞书研究》1996 年第 4 期。

林玉山：《近现代时期——中国辞书编纂成熟期》，《辞书研究》1997 年第 5 期。

后　记

对我来说，陈翰伯先生（1914—1988）曾经是一个陌生人。两年前，机缘巧合，这位 20 世纪 30 年代毕业于燕京大学的前辈引起我的好奇，由此我和他结缘。两年多来，我通过种种途径探寻其人生轨迹，为此而进行的阅读、追问、求证成就了一次精神之旅。两年的研究不可谓不辛苦，但深感欣慰的是超越任务与功利目的的获得感：我获得了对生命的新的理解与感悟；获得了远离喧嚣的精神休憩与升华；获得了如临其境的历史感——我从来没有如此深切地接近这段历史，去感知它的波谲云诡和神秘宿命，去体味被它裹挟着前行的人物的处境和命运。这种获得感，使我的境界得到了前所未有的提升。

搜集资料的过程常有峰回路转的惊喜：

第一个惊喜是，在寻找陈翰伯先生家人的时候，经出版社提示：新浪微博有一个叫卡廷森林的博主可能是陈翰伯的家人，于是我注册微博留言，很快就得到博主的回应，她是陈翰伯先生的长女——年近八旬的退休哲学教授陈延琳。我和陈延琳老师的交流从她父亲的家世、生平开始，后来借助微信，大到国内外时事、历史事件、历史人物，小到个人生活的甜酸苦辣，都成为真诚交流的话题。陈延琳调动了她的两个弟弟陈亮、陈警和儿子陈冲，共同向我提供他们的记忆。与他们的交流，不仅补充了陈翰伯先生的家世资料，也让我认识了家庭中作为丈夫、父亲、外公的陈翰伯；还有，我深感陈翰伯先生将家国情怀、崇尚读书、独立思考、认真做事传给了后代。

第二个惊喜是，通过国家数字图书馆、知网等资料平台，查到的陈翰伯先生以真名或笔名撰写的有关国际时事和国际关系的文章、译作、著作，远超过他自己后来的记忆；同时，陈延琳让女儿通过旧书网购得陈翰伯早期著、译多种，快递给我。从陈翰伯先生不同时期的著述中，可以读出他的价值取向和心路历程，这是一位优秀出版家的思想、学术基础。

第三个惊喜是，如愿看到陈翰伯先生数十万字的"文革"交代材料，尽管阅读时五味杂陈，甚至心情沉重。互联网的好处是，在海量的信息中藏着你需要的重要线索，寻找陈翰伯"文革"交代材料的动因源于网上搜到的两篇文章：一是人民网 2003 年 12 月 31 日登出的《我在民间档案中追寻历史》，作者李辉是人民日报社的知名作家，文中公布了几份陈翰伯的"文革"检讨、交代材料；二是《北京青年报》2006 年 8 月 11 日登出的贾俊学的文章《潘家园旧书摊——最自由的民间阅览室》，作者声称收藏陈翰伯的交代、检查、证明材料等 113篇。陈翰伯家人对两篇文章在多年前就已关注过，当我与陈延琳老师交流此事时，她提醒我这可是研究陈翰伯的第一手材料。我用了不太长的时间联系上李辉先生，他将收藏的四十多页材料拍照给我，材料所用稿纸有的是文化部的，有的是商务印书馆的。与那个年代的混乱形成强烈反差的是，交代材料的笔迹工工整整，连标点符号都规规矩矩，个别修改处标注清楚，语言极为通畅，每份材料都是前有标题，后有署名和年、月、日，右上角标有页码，一个老编辑、老出版人一丝不苟的人品和文品跃然纸上。可传说中的那 113 篇材料在哪里呢？终于，2017 年 4 月底，陈延琳老师收到了那些材料，她将材料复印一份快递给我。只可惜这不是陈翰伯先生交代材料的手写原件，而是打印件，这些打印材料虽有校对，但仍有很多打字错误。确切地说，这是一本沉寂多年未出版的书稿校样。在这些材料里，陈翰伯先生将自己上大学以后的社会经历翻了个底朝天，让我惊讶和佩服的是，其中涉及的具体工作一般都有时间、地点、人物、来龙去脉、前因后果，我想如果没有多年严谨、扎实、认真、走心的职业素养和敬业精神，这是不可能做到的。今天从其交代的事实角度看，可以说光明磊落、堂堂正正，这是陈翰伯先生的本色。本色使他身处"牛棚"依然不卑不亢，陈述事实丁是丁卯是卯，毫不含糊。他在写于 1967 年 8 月 22 日的材料中说："我曾多次说过这样的话：'不要把马列主义、毛泽东思想当作是技术书，当作是包医百病的灵丹妙药。学技术，还是要读那些技术书。要解决打算盘、养猪等问题还是要读那些技术书。马列主义、毛泽东思想是解决人们的思想世界观，是解决立场观点方法的。'"

我和陈翰伯先生的家人有一个共识，即尊重史实，实事求是。上述资料，加上商务印书馆已出版的陈翰伯同事、朋友、学生的纪念文章以及他的讲话、报告、口述、文章，还有商务印书馆官网资料等，为描述一个真实而立体的出版家形象提供了资料保证。

虽说搜集资料常有惊喜，但钩稽爬梳、解读取舍资料却不是一

件轻松的事。陈翰伯先生"青春办报，皓首出书"，1936 年他从燕京
大学新闻学系毕业后，辗转于西安、成都、重庆、上海办报、办刊；
1958 年后，他曾先后主持商务印书馆和国家出版事业管理局，从事
图书出版。他身上携带着 20 世纪从 30 年代到 80 年代新闻、出版史
的丰富信息，也携带着数十年惊心动魄的历史烙印。这段历史，既是
他个人的，也是出版界的。愿他的历史能够给后人以深思和启迪，并
从中汲取称为智慧的东西。

孙顺华

2018 年 5 月

责任编辑：任　益
封面设计：肖　辉　姚　菲
版式设计：汪　莹
责任校对：白　玥

图书在版编目（CIP）数据

中国出版家.陈翰伯/孙顺华 著 .— 北京：人民出版社，2018.12
（中国出版家丛书/柳斌杰主编）
ISBN 978－7－01－019491－2

Ⅰ.①中…　Ⅱ.①孙…　Ⅲ.①陈翰伯（1914~1988）－生平事迹　Ⅳ.① K825.42

中国版本图书馆 CIP 数据核字（2018）第 130892 号

中国出版家·陈翰伯
ZHONGGUO CHUBANJIA CHEN HANBO

孙顺华　著

人民出版社 出版发行
（100706　北京市东城区隆福寺街 99 号）

北京盛通印刷股份有限公司印刷　新华书店经销

2018 年 12 月第 1 版　2018 年 12 月北京第 1 次印刷
开本：710 毫米 ×1000 毫米 1/16　印张：16　插页：4
字数：200 千字

ISBN 978－7－01－019491－2　定价：68.00 元

邮购地址 100706　北京市东城区隆福寺街 99 号
人民东方图书销售中心　电话：（010）65250042　65289539